浙博学人丛书

哥窑管窥

Research on Ge Kiln

牟宝蕾 著

上海书画出版社

　　牟宝蕾,1979 年 10 月生,山东莱西人。现为浙江省博物馆副研究员。2003 年毕业于南开大学考古学与博物馆学专业，继而攻读该校文博专业硕士研究生，在刘毅教授的指导下完成陶瓷专业的学习，获硕士学位。2006 年 9 月起就职于浙江省博物馆，师从古陶瓷专家李刚研究员潜心学习、研究古陶瓷。多年来,在《东方博物》《文博》、《南方文物》《华夏考古》《文物春秋》《收藏家》《大观》等专业期刊上陆续发表了有关古陶瓷各方面内容的学术论文。2017年,《越窑通鉴》、《龙泉窑通鉴》、《南宋官窑通鉴》三部专著被列入国家出版基金项目，并于同年出版发行。

"浙博学人丛书"总序

　　西子湖畔、孤山南麓，白墙黛瓦、水石相映，浙江省博物馆静静伫立于此。自 1929 年建馆伊始，近一个世纪的风雨兼程，经过一代又一代的博物馆人栉风沐雨、艰辛求索，浙江省博物馆如今已成为集收藏、研究、保护、展示和教育等为一体的浙江省内最大的综合性人文科学博物馆。作为博物馆工作的基础，本馆藏有文物及标本十万余件，文物品类丰富，年代序列完整，极具地域特色和学术价值。其中,河姆渡文化的陶器、漆器、木器、骨器和象牙制品，反映了新石器时代长江流域农耕、畜牧、建筑、纺织、艺术等方面高超的技术与独特的审美；良渚文化的玉器，其数量之多、品种之丰富、雕琢之精美，堪称史前玉器的高峰，其手工业专业化程度与高度发达的宗教信仰体系可见一斑；越国的青铜器和原始瓷，彰显了越人社会的高度礼制化，见证了越国一路势如破竹挺进中原，成为中华文化渔火灿星之一点；越窑、龙泉窑等窑口的青瓷，凸显了浙江作为瓷器生产主要阵地的历史地位，同时也描绘了中国海外贸易迅猛发展的繁荣面貌；另外，会稽镜和湖州镜，南宋金银货币，明清浙籍书画家的作品……一个个历史遗存穿越岁月的尘埃，将他的前世今生娓娓道来，历久弥新、绵延不绝。

面对数量庞大的历史见证物,博物馆人既是守护人,又是说书人。"为保存博览会所遗物品,以供民众永久参观及研究。"这是建馆之初衷,也是立馆之根本,博物馆在于存千秋于一隅,在于述精粹于万民,而其落脚点在"研究"二字。浙江省博物馆始终坚持以学术立馆,现有浙江省文保科研基地、博物馆学研究所、龙泉青瓷国际研究中心、黄宾虹研究中心、古代漆器研究中心、马定祥中国钱币研究中心等科研机构,同时拥有浙江省文化和旅游创新团队、浙江省文化和旅游厅优秀专家、中青年学术带头人、浙江省151人才、"新鼎计划"优秀青年文博人才等拔尖人才,他们在陈列展览、文物保护、课题研究等方面形成了本馆发展的中流砥柱,发挥了重要的作用。未来我们将不断努力将本馆打造成为研究型博物馆,首先在于创建一支政治强、业务精、作风正,适应现代博物馆发展要求的专业型人才队伍。

人是干事业的基础,是推动社会进步的关键性因素,一切有利于人才发展的办法都应该被大胆思考、合理运用。基于此,浙江省博物馆创建实施了"浙江省博物馆学人丛书"项目,自2006年该项目实施以来,已有《褚币史说》(李跃)、《历代金石考古要籍序跋集录》(桑椹)、《中国南方原始瓷窑业研究》(王屹峰)等9本专著(已完成出版6本)列入其中。未来,我们将鼓励更多的专业学者参与到此项目当中,为实现研究成果转化提供积极性的作用。这不仅仅有利于表达本馆在学术研究方面的能力,提高业界声誉,更在于推动出类拔萃者著书立作,为浩瀚历史星河贡献几颗璀璨亮星。

浙江省博物馆馆长 陆水华

前　言

　　人类的无法束缚的禀性就是对天地万物抱有强烈的好奇心，当它与使命感结合在一起时，就会激发出探索奥秘的巨大热情和动力。唐太宗李世民说过："以古为镜，可以知兴替。"在自然科学方面，人们以化石为"镜"来揭示生命演化、物种兴衰的历史和规律。在人文科学方面，人们以文物为"镜"来认知社会发展、文化流变的轨迹和状态。在各类文物中，最具普遍性和不朽性的便是古陶瓷。由于古代瓷器具有无可替代的历史价值、科学价值和艺术价值，所以古代名窑研究受到了学术界的高度重视。通过人们的努力，许多疑难问题被逐一解决，迄今所剩的谜团已寥寥无几，而其中最扑朔迷离的当数哥窑了。

　　哥窑的源头是什么？设窑地点在哪里？产品的面貌如何？这些问题在哥窑倒闭一个多世纪后的明代中期就说法不一了，后经历代窑工的仿烧，加之文人墨客的杜撰，哥窑便被重重迷雾所笼罩，正所谓"当时黯暗犹承误，末俗纷纭更乱真"。现今有些人以明清人脱离实际、张冠李戴的叙述为依据，耗费了大量的资金、资源和时间，对哥窑作了辛勤的探究，但因方向的严重偏差，故结论之荒谬是必然的，就像培根所说："如果一个人跑错了路的话，那么愈是活动，愈是跑得快，就会愈加迷失得厉害。"

显然，观察、讨论、研究哥窑，不仅需要正确地释读元明纪实性文献有关哥窑的记载，鉴别哥窑、仿哥及类哥瓷器，而且必须确立科学的方法论，只有在它的指引下，方能使哥窑的研究最大限度地接近客观存在的哥窑及其制品。《哥窑管窥》是作者长期潜心研究的成果，虽不算十分丰硕，却是在正确的技术路线中扎实而逐步探明的事实的真相。书中看不出踔厉风发的豪迈激情，更没有急功近利的胡言乱语，只留下了一连串锲而不舍、稳步笃行的足迹。笛卡尔在《方法谈》中说道："那些只是极慢地前进的人，如果总是遵循着正确的道路，可以比那些奔跑着然而离开正确道路的人走在前面很多。"本书作者就是这样的人。

若与生物、医疗、信息、能源、环保等济世百科相比，哥窑研究自然是微不足道的。不过，弗洛伊德说过："美没有明显的用处，也不需要刻意的修养。但文明不能没有它。"哥窑瓷器颇为独特的审美特征，使之成为人类文明长河中的一颗璀璨的明珠。尽管本书不是哥窑探索的句号，然而，它以科学的方法、翔实的资料、缜密的考证、严谨的文笔、丰富的图片，构建了一个宽阔的审美空间和全面的研究框架。这就是本书的价值所在。

李　刚

2022 年 10 月 23 日

目　录

Contents

Authentication of Ge Kiln in Longquan

Several Issues regarding Ge kiln

Appendix

Postscript

中国作为文明古国，曾以诸多的发明造福人类，惠及后世。其中，瓷器就是一项伟大的创造，自东汉烧制成功瓷器以来，制瓷业像奔腾的江河似的迅猛发展，林林总总的各类瓷器深入到了世界各民族的生活、建筑、文化、艺术等各个领域，极大地改变和丰富了人们的物质生活和精神生活。在悠远漫长的岁月里，南北各地涌现出了许多名窑，它们宛如璀璨的星辰镶嵌在人类历史的长卷上。随着光阴的流逝，这些名窑有的以窑址的形式保留下来，有的以器物的面貌呈现给世人，有的则以文字的记载展露出模糊的踪影。于是，便有了若干长期以来悬而未决的迷案，例如：《茶经》所说的"鼎州窑"，《垣斋笔衡》记述的北宋"官窑"和南宋"内窑"、"续窑"、"乌泥窑"，《静斋至正直记》提及的"哥哥洞窑"，明清文献描绘的"柴窑"、"碎器窑"、"哥窑"等，而以解谜难度和关注度而言，则莫过于"哥窑"。由于哥窑倒闭后，官方和民间从未停止过对该窑瓷器的仿烧，所以使得哥窑及仿哥瓷器在世间有着广泛而深刻的影响，又因哥窑的窑址迄未发现，加之业内外人士众说纷纭，甚至多有凭空想象、主观臆造、有悖事实的奇谈怪论，故使得本就真相不明的哥窑问题变得更为云遮雾障，显然，借助科学的方法论，从客观实际的视角去认识哥窑、揭示其真容，是颇有意义的。

哥窑的初步探索

哥窑在中国陶瓷史上具有重要的地位，虽然明清文献中多有关于哥窑的记载，然而由于其烧造地点尚未探明，加之传世品数量稀少，所以有关哥窑的诸多问题一直悬而未决，尤其是其产地及年代问题成为争论的焦点。随着近年来考古资料的增多，哥窑的研究有了新的进展。诚然，要对哥窑问题作进一步的探索，必须先理清哥窑名称的由来。

哥窑之名的由来及演变

根据现有可查到的资料，最早提到哥哥洞窑、哥哥窑的是元代孔齐的《静斋至正直记》，该书记载："乙未冬在杭州时，市哥哥洞窑器者一香鼎，质细虽新，其色莹润如旧造，识者尤疑之。会荆溪王德翁亦云，近日哥哥窑绝类古官窑，不可不细辨也。今在庆元见一寻常青器菜盆，质虽粗，其色亦如旧窑，不过街市所货下等低物，使其质更加以细腻，兼以岁久，则乱真矣。予然后知定器、官窑之不足为珍玩也。所可珍者，真是美玉为

《静斋至正直记》书影
（《粤雅堂丛书》本）

然。记此为后人玩物之戒。至正癸卯冬记。"[1] 孔齐所记的"乙未"，为至正十五年（1355），其时间、地点、器名都十分清晰，且是"直记"，准确性毋庸置疑。然因传抄过程中脱漏了"洞"字，故"哥哥洞窑"变成了"哥哥窑"，尔后，这个简约的窑名便被传袭下来。这条"直记"表明，元末"哥哥窑"还在生产。

至明早期，"哥哥窑"被简称为"哥窑"。明洪武二十一年（1388）成书的《格古要论》云："哥窑，旧哥窑，色青，浓淡不一，亦有铁足紫口，色好者类董窑，今亦少有。成群队者，元末新烧者，土脉粗燥，色亦不好。"[2] 在《新增格古要论》中则记为："哥哥窑，旧哥哥窑出，色青，浓淡不一，亦有铁足紫口，色好者类董窑，

---

[1] 〔元〕孔齐：《静斋至正直记》卷之四《窑器不足珍》。《粤雅堂丛书》本。

[2] 〔明〕曹昭：《格古要论》卷之下《古窑器论·哥窑》。《夷门广牍》本。

今亦少有。成群队者,是元末新烧,土脉粗燥,色亦不好。"[1] 明确指出哥哥窑有新旧之分,且旧哥哥窑瓷器在明初时已很少了,批量生产的是元末新烧的。

明代中期以后,人们在论述龙泉窑时经常以"哥窑"、"弟窑"为主题,而关于其由来更加模糊不清。明嘉靖年间,陆深在《春雨堂随笔》中记载:"哥窑浅白,断纹号百圾碎。宋时有章生一、生二兄弟,皆处州人,主龙泉之琉田窑。生二所陶青器,纯粹如美玉,为世所贵,即官窑之类。生一所陶者色淡,故名哥窑。"[2] 嘉靖四十年(1561)编成的《浙江通志》云:"龙泉……县南七十里曰琉华山……山下即琉田,居民多以陶为业。相传旧有章生一、章生二兄弟二人,未详何时人,主琉田窑造青器,粹美冠绝当世,兄曰哥窑,弟曰生二窑。"[3] 与陆深的记载相比较,这里明确指出是"相传",并且章氏兄弟"未详何时人"。刊刻于嘉靖四十五年(1566)的《七修类稿续稿》进一步说:"哥窑与龙泉窑皆出处州龙泉县,南宋时,有章生一、生二弟兄各主一窑,生一所陶者为哥窑,以兄故也。生二所陶者为龙泉,以地名也。其色皆青,浓淡不一。其足皆铁色,亦浓淡不一。旧闻紫足,今少见焉。惟土脉细薄,油水纯粹者最贵。哥窑则多断文,号曰百圾破。龙泉窑至今温、处人称为章窑。"[4] 仅仅五年之隔,此书就把"相传的"章生一、生二兄弟确定为"南宋时"人,显然缺乏依据。之后明清文献中关于哥窑的记载,如明代顾起

---

[1] 〔明〕曹昭著,王佐校增:《新增格古要论》卷之七《古窑器论·哥哥窑》。明万历刊本。

[2] 〔明〕陆深:《春雨堂随笔》。《今献汇言》本。

[3] 〔明〕胡宗宪修,薛应旂等纂:《浙江通志》卷八《地理志·处州》。嘉靖四十年(1561)刊本。

[4] 〔明〕郎瑛:《七修类稿续稿》卷六《事务类·二窑》。耕烟草堂刊本。

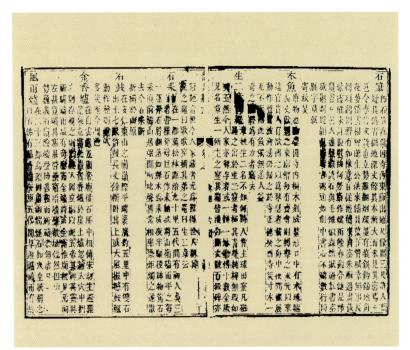

乾隆《龙泉县志》书影
（清同治二年刊本）

元的《说略》、徐应秋的《玉芝堂谈荟》、王世贞的《弇州四部稿》等，清代朱琰的《陶说》、蓝浦的《景德镇陶录》等，以至清代《龙泉县志》中关于哥窑、弟窑的演绎，大都摘引前人文献，不能脱出《春雨堂随笔》以来哥窑、弟窑的内容。

　　查考文献可知，宋代的文献并无关于哥窑的记载。明嘉靖之前，有哥窑之名，并未见弟窑之称，《格古要论》中也只提旧哥窑和元末新烧者，没有提兄弟窑之分，而且在《格古要论》中的"龙泉窑"条中也没有提到弟窑。可见，在明初时，哥窑之名并不是因为兄弟的原因而得名。哥窑、弟窑的名字纯粹是后人根据前人的传闻演绎出来的[1]。哥窑之名越早越贴近其本原，

[1]　冯先铭和朱伯谦等亦认为哥弟窑属传闻。参阅冯先铭：《"哥窑"问题质疑》，《故宫博物院院刊》1981年第3期；朱伯谦：《龙泉青瓷简史》，《龙泉青瓷研究》第20页，文物出版社1989年版。

越晚则越真伪混杂，民国时期徐渊若编著的《哥窑与弟窑》中甚至出现了"妹窑"[1]。总之，宋代并无哥窑之说，哥窑之名源于元代的哥哥洞窑，到明早期，原先因传抄脱误而出现的"哥哥窑"之名又被进一步简化为哥窑。从哥哥洞窑的制品"绝类古官窑"可知，该窑是仿宋代官窑的，元末以后才形成自己的特色。哥窑的时代应为元末明初。

张冠李戴的所谓"哥窑"

关于哥窑的产地问题，学界曾出现浙江龙泉、杭州，江西景德镇、吉安等地的推测。明代甚至有文献记载哥窑在寿州。明代《徐氏笔精》"哥窑"条载："瓷器有哥窑，寿州有舜哥山，此窑所出。今赏鉴家解哥字谓其兄所制，误矣。"[2]此处认为明代赏鉴家从字面理解哥窑之称是以兄之故，是误解，而认为哥窑是因处于寿州舜哥山而得名。虽然此处明确了哥窑不是由于兄的原因而得名，而是以地点命名，然而寿州在今安徽省寿县境内，此地没有发现与之对应的窑址，且关于哥窑在舜哥山的说法，只有这段记载，其源自何处也不详。这也反映出明代对于哥窑的具体产地已不清晰了。

明人高濂的《遵生八笺》云："所谓官者，烧于宋修内司中，为官家造也。窑在杭之凤凰山下，其土紫，故足色若铁，时云紫口铁足。紫口，乃器口上仰，釉水流下，比周身较浅，故口微露紫痕。此何足贵？惟尚铁足，以他处之土咸不及此。哥窑

---

[1]　徐渊若：《哥窑与弟窑》第 2 页，西泠印社出版社 2014 年版。

[2]　〔明〕徐𤊧：《徐氏笔精》卷七。文渊阁《四库全书》本。

龙泉小梅南宋窑址出土的瓷片

烧于私家,取土俱在此地。"[1] 明人王士性的《广志绎》所载与此相同[2]。1996 年,人们在杭州凤凰山上发现了烧造黑胎青瓷的古窑址,尤其是哥哥洞窑晚期产品的面貌已开始具有了后来的哥窑瓷器的一些特征,说明该地应是哥窑的发祥地。那么其他几处所谓的"哥窑",实际情况如何呢?

1. 龙泉"哥窑"

"哥窑"之名源于"哥哥洞窑",与龙泉本无关系。嘉靖年间,陆深的《春雨堂随笔》首先将哥窑与龙泉扯上了关系,这种诞妄之说因其新奇而生动,故在民间尤其是文人中产生了一定的影响,于是此后各书中有关龙泉"哥窑"的叙述基本上都与之大同小异。

明人宋应星的《天工开物》记载:"浙省处州丽水、龙泉两邑,烧造过锈杯碗,青黑如漆,名曰处窑。宋元时,龙泉华琉山下,有章氏造窑,出款贵重,古董行所谓哥窑器者即此。"[3] 此处可以看出,龙泉"哥窑"之名实际上是古董行附会而成的。

明洪武二十一年(1388)成书的《格古要论》中"古龙泉窑"条,只字未提"哥窑"[4]。

明人陆容的《菽园杂记》中关于龙泉窑的内容为:"青瓷初出于刘田,去县六十里。次则有金村窑,与刘田相去五里余。外则白雁、梧桐、安仁、安福、绿绕等处皆有之。然泥油精细,

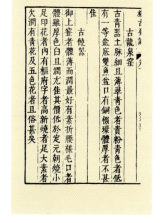

《格古要论》书影
(《夷门广牍》本)

[1] 〔明〕高濂:《遵生八笺》卷十四《燕闲清赏笺·论官哥窑器》。文渊阁《四库全书》本。

[2] 〔明〕王士性:《广志绎》卷四《江南诸省》。《台州丛书》本。

[3] 〔明〕宋应星:《天工开物》卷中《陶埏》。崇祯十年(1637)刊本。"锈"古与"釉"同义。

[4] 〔明〕曹昭:《格古要论》卷之下《古窑器论·古龙泉窑》。《夷门广牍》本。

龙泉溪口瓦窑垟窑址出土的青瓷盘残件

龙泉小梅瓦窑路窑址出土的青瓷盘残件　口径 17 厘米

模范端巧，俱不若刘田。泥则取于窑之近地，其他处皆不及。油则取诸山中，蓄木叶烧炼成灰，并白石末澄取细者，合而为油。大率取泥贵细，合油贵精。匠作先以钧运成器，或模范成形，候泥干，则蘸油涂饰，用泥筒盛之，置诸窑内，端正排定，以柴筱日夜烧变，候火色红，焰无烟，即以泥封闭火门，火气绝而后启。凡绿豆色莹净无瑕者为上，生菜色者次之。然上等价高，皆转货他处，县官未尝见也。"[1] 陆容曾官至浙江右参政，他在书中转载了《龙泉县志》中关于龙泉窑的地点、制作工艺和输出情况，但没有谈到哥窑、弟窑。如果在宋代龙泉确有产品"冠绝当世"、"纯粹无瑕如美玉"的哥窑、弟窑，他是绝不会弃而不谈的。

古籍所说的"刘田"、"琉田"，就是今龙泉大窑。大窑作为古代龙泉窑青瓷的最重要的产地，古窑址的分布十分密集，枫洞岩窑址即为其中之一。该窑场位于大窑村北 1.5 公里的岙底，规模很大，发掘面积 1700 余平方米，在元、明地层出土了 50 余吨的瓷片[2]。考古调查结果和窑址发掘资料证明，大窑确实是龙泉窑的中心产地和优秀制瓷技术传播的源泉。

有人认为龙泉溪口和小梅南宋时烧制黑胎开片瓷器的窑场可能为明人文献中的"哥窑"[3]。小梅出土的黑胎瓷片的开片纹，虽可以算是"百圾碎"，然其施乳浊厚釉，釉色则为青色、青褐色并存，釉色较深，与文献中记载的"哥窑"产品的特征为"浅白"、"色淡"等并不相符，而这种特征恰恰是元末以后的哥哥洞窑和

---

[1] 〔明〕陆容：《菽园杂记》卷十四。《守山阁丛书》本。

[2] 浙江省文物考古研究所、北京大学考古文博学院、龙泉青瓷博物馆：《龙泉大窑枫洞岩窑址》，文物出版社 2015 年版。

[3] 徐军、郑建明：《浙江：龙泉窑最新研究成果的展示》，《中国文物报》2011 年 12 月 9 日第 7 版。沈岳明、郑建明：《哥窑的新发现》，文物出版社 2018 年版。

龙泉小梅瓦窑路窑址出土的青瓷杯残件
口径8厘米

龙泉小梅瓦窑路窑址出土的青瓷杯残件

由它发展而来的窑场所烧造的那种月白、米黄色乳浊釉开片器物所具有的,也就是所谓的"传世哥窑"瓷器[1],它们的外观特征与龙泉窑黑胎青瓷截然不同。

考古调查结果显示,在龙泉大窑、溪口、小梅等地窑址中确实存在黑胎厚釉、釉面开片的青瓷,与郊坛下官窑的黑胎厚釉瓷同属一类,但是与传世的哥窑瓷器完全不同,况且,这类窑址已在龙泉发现多处,且其中大窑的窑场以生产白胎厚釉青瓷为主,黑胎厚釉青瓷的比例很小;溪口瓦窑垟的则以生产黑胎厚釉青瓷为主,兼烧白胎厚釉青瓷。这说明当时这些窑场是黑胎青瓷与白胎青瓷一起烧造的[2],如此则与"各主一窑"的说法也不相符。

小梅的黑胎瓷釉面有开片,开片处呈白色,这种白色的形成是由于在焙烧结束时,胎釉发生了分离。此种裂纹亦会在瓷器出窑以后,胎釉储存的应力受温度变化和震动等因素的影响而缓慢、间歇地释放所产生。南宋官窑博物馆收藏的杭州出土的两件青瓷碗便是明证。两件碗造型相同,大小相似,都是碎裂后拼接完整

[1] 以往将清宫遗存的以及海内外各地收藏的"哥窑"瓷器称作"传世哥窑",其实这是不正确的称谓,因为"窑"是不能"传世"的,所以确切的称呼应是"传世的哥窑瓷器"。

[2] 朱伯谦:《龙泉大窑古瓷窑址发掘报告》,《龙泉青瓷研究》第66页,文物出版社1989年版。

龙泉小梅瓦窑路窑址出土的青瓷八角杯残件　高 5.6 厘米

龙泉小梅瓦窑路窑址出土的青瓷瓶残件
高 19.7 厘米

龙泉小梅瓦窑路窑址出土的青瓷瓶残件
高 13.8 厘米

龙泉小梅瓦窑路窑址出土的青瓷鬲式香炉残件

龙泉小梅瓦窑路窑址出土的鼓钉纹香炉残件

的器物。其中一件的开片在拼接处亦可连接起来，而另外一件的开片在拼接处却是错位的，这说明前一件碗在碎裂之前已经存在开片，所以它们的纹路是连续的，而后一件则在打碎之前是无开片的，碎裂之后，瓷器中的应力随着温度及各种力的影响缓慢释放而出现开片，是在每块瓷片上单独出现的，所以拼接之后，这些开片的纹路不是连续的。明代以前，开片多为工艺缺陷而不是刻意追求的装饰效果，在龙泉的所有古窑址中，没有一处窑址的产品是全部开片或全部不开片的。

考古资料表明，龙泉大窑既没有专烧开片瓷器的窑场，也不曾出产施月白釉和米黄釉的瓷器。即便其造型与官窑器物相似，其釉色也是以青色为主。所以，龙泉境内没有所谓的"哥窑"。

2. 景德镇"哥窑"

明代后期景德镇民窑瓷器的生产分工日趋细化，从原料的开采到成品的销售已开始分化成许多环节，进行专门化生产，其中就有专门做"碎器"的窑户。《景德镇陶录》"工有作"条记载："作者，一户所作器也，各户或有兼作，统名曰作。官古器作、上古器作、中古器作、釉古器作、小古器作、常古器作、粗器作……填白器作、碎器作、紫金器作。"[1] 该书又载："哥器，镇无专仿者，惟碎器

龙泉小梅瓦窑路窑址出土的青瓷觚残件
高 12 厘米

---

[1] 〔清〕蓝浦：《景德镇陶录》卷三《陶务条目》。嘉庆二十年（1815）刊本。

《天工开物》书影
（明崇祯十年刊本）

户兼造，遂充称哥窑户。以前户能辨本原，今仿哥者只照式仿造，究不知哥何由称矣。"[1] 可见，明早期哥窑消亡以后，人们很快就忘记了它的由来。仿哥瓷器逐渐成为景德镇窑的一个重要品种，且其仿烧的釉色为"铁骨哥釉，有米色、粉青两种"[2]，一般没有款识，极易被人们视作哥窑瓷器。

　　明人宋应星的《天工开物》是明末有关当时中国农业和手工业生产技术的科技著作，其价值和科学性都被世人所称道，其中清晰地记述了瓷器碎纹的制作方法："凡为碎器与千钟粟与褐色杯等，不用青料。欲为碎器，利刀过后，日晒极热，入清水

[1] 〔清〕蓝浦：《景德镇陶录》卷二《镇器源起》。嘉庆二十年（1815）刊本。
[2] 〔清〕蓝浦：《景德镇陶录》卷三《陶务条目》。嘉庆二十年（1815）刊本。

一蘸而起，烧出自成裂文。"[1] 既然掌握了方法，那么仿制哥窑瓷器也便轻而易举了。

所以，在人们统称的哥窑瓷器中，有一部分当属景德镇"哥窑户"的产品。

3. 碎器窑

《景德镇陶录》记载："碎器窑，南宋时所烧造者，本吉安之庐邑永和镇另一种窑，土粗坚，体厚质重，亦具米色、粉青样，用滑石配釉，走纹如块碎，以低墨土赭搽薰，既成之器，然后揩净，遂隐含红黑纹痕，冰碎可观，亦有碎纹素地加青花者。唐氏《肆考》云，吉州宋末有碎器亦佳，今世俗讹呼哥窑。其实假哥窑虽有碎纹，不同鱼子，且不能得铁足。若铁足，则不能有声，惟仍呼碎器为称。"[2] 清人唐秉钧的《文房肆考图说》则云："吉州窑，出今吉安州永和镇……宋时有五窑……又有碎器更佳，今世俗讹称哥窑，体厚质粗者，不甚值钱。"[3] 这两处记载表明南宋末在吉安永和镇有碎器窑，民间误称其为"哥窑"。

又，清人程哲的《窑器说》中载："吉窑，出江西吉州府庐陵县永和镇，色与紫定相类，体厚而质粗，不足贵。宋时有五窑，书公烧者佳。有白、紫二色花瓶，大者直数金，小者有花。又有碎器亦佳。相传文丞相过此，窑器尽变成玉，遂止不烧。"[4] 清人朱琰的《陶说》"吉州窑"条载："吉州窑，在今吉安府庐

---

[1] 〔明〕宋应星：《天工开物》卷中《陶埏》。崇祯十年（1637）刊本。

[2] 〔清〕蓝浦：《景德镇陶录》卷六《镇仿古窑考》。嘉庆二十年（1815）刊本。

[3] 〔清〕唐秉钧：《文房肆考图说》卷之三《古窑器考·吉州窑》。乾隆四十一年（1776）刊本。

[4] 〔清〕程哲：《窑器说》，《说陶》第367页，上海科技教育出版社1993年版。

陵县永和镇。《格古要论》：色与紫定器相类，体厚而质粗，不甚直钱。宋时有五窑，书公烧者最佳。有白色，有紫色。花瓶大者直数金，小者有花，又有碎器，最佳。相传宋文丞相过此，窑变为玉，遂不烧。《矩斋杂记》：宋时江西窑器，出庐陵之永和市。有舒翁工为玩具，翁之女，尤善，号曰舒娇。其炉瓮诸色，几与哥窑等价……相传陶工作器，入窑变成玉，工惧事闻于上，封穴逃之饶。今景德镇陶工，故多永和人，见吉安太守吴炳《游记》。"[1]

　　二书所录内容相差无几，都是说宋时吉州窑产碎器，相传南宋末便不再烧造。

　　然而，嘉靖《江西省大志》卷七《陶书》"料价"载："利厚计工，市者，不惮价，而作者为奇钧之则至有数盂而直一金者，他诸花草、人物、禽兽、山水屏、瓶、盆、碗之观，不可胜计，而费亦辄数金，如碎器与金色瓮、盘，又或十余金，当中家之产而相竞，以逞其所被。"[2]说明碎器价值较高，人们竞相求购它。宋应星的《天工开物》记载："古碎器，日本国极珍重，真者不惜千金。古香炉碎器不知何代造，底有铁钉，其钉掩光色不锈。"[3]此处亦可看出在宋应星之前是有碎器的，但已不明其制作年代了。由于考古资料的缺乏，碎器窑的产品情况尚未得知。那么碎器窑的年代是否真的为南宋？元明是否还在生产碎器？其产品面貌究竟如何？这还有待于将来进一步的研究和探索，但有一点可以肯定，就是不能将"碎器窑"误称为"哥窑"。

---

[1] 〔清〕朱琰：《陶说》卷二《说古》。《龙威秘书》本。

[2] 〔明〕王宗沐纂：《江西省大志》。国家图书馆藏嘉靖刻本。

[3] 〔明〕宋应星：《天工开物》卷中《陶埏》。崇祯十年（1637）刊本。

哥窑花口盘　口径 16.2 厘米
故宫博物院藏
（南京明洪武四年汪兴祖墓出土）

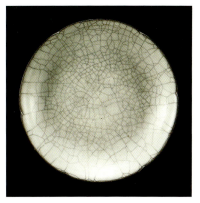
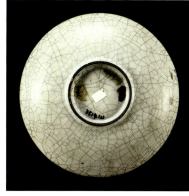

哥窑花口盘　口径 16.5 厘米
南京市博物馆藏
（南京明洪武四年汪兴祖墓出土）

各地出土的"哥窑"瓷器

　　关于出土哥窑瓷器的情况，有人曾对苏、沪、皖地区出土
"哥窑"瓷器的资料进行过梳理[1]，近年来又增添了新的出土资料，
为了内容的完整性，在此一并进行简述[2]。

　　1970 年，南京明洪武四年（1371）汪兴祖墓随葬器物 74 件，
其中有瓷器 12 件，除了 1 件青花高足碗之外，另外 11 件均为哥

[1]　张浦生、邓禾颖：《浅析苏、沪、皖地区墓葬、窖藏出土的"官哥窑"
　　　器之产地》，《南宋官窑文集》，文物出版社 2004 年版。

[2]　各地发现的所谓"哥窑"瓷器，其年代及具体产地都存在一些问题，
　　　有待于进一步探索和研究。为了便于叙述，在引用这些资料时，姑且
　　　保留原报道所定的年代及称谓。

元　"哥窑"鸟食罐　高3.3厘米
溧水博物馆藏（江苏溧水窖藏出土）

窑盘，分大、中、小三类。葵瓣口，月白色釉，有开片，大盘
圈足露出紫褐色胎骨，中、小盘底部留有支烧痕迹[1]，是完好的
哥窑瓷器。11件造型相同的花口盘，折射出元末以后哥窑"成
群队者"的基本面貌。

　　1975年，江苏溧水人民银行工地窖藏出土了18件瓷器和1
件石刻，这批窖藏器物的资料未曾有过考古报告，只在图录中
刊登过7件器物的图片[2]。后有人通过系统整理，将其定为元代
窖藏[3]，并介绍了景德镇窑"枢府釉"瓷器4件、青花瓷器1件，
"哥窑"瓷器4件，龙泉窑青瓷9件。其中的2件"哥窑"细颈
小瓶，圆唇，敞口，细长颈，鼓腹，圈足，胎质粗松，釉呈接
近月白的淡青色，釉层较厚，有多个缩釉小孔，釉面遍布开片，

[1]　南京市博物馆：《南京明汪兴祖墓清理简报》，《考古》1972年第4期。

[2]　杨正宏、肖梦龙、刘丽文主编：《镇江出土陶瓷器》第194—196页，
　　　文物出版社2010年版。

[3]　高茂松：《江苏溧水永阳镇元代窖藏出土的瓷器与初步认识》，《东南
　　　文化》2011年第2期。

元　哥窑盘　口径 15 厘米
安徽博物院藏（安徽安庆窖藏出土）

片纹粗者呈黑色，片纹细者呈黄色。"哥窑"三足炉 1 件，直口，
圆唇，短颈，沿上双立耳均已残缺，底部有三乳足，胎质粗松，
釉呈接近月白的淡青色，釉层较厚，釉面遍布粗细不等的片纹，
粗片纹呈黑色，细片纹呈黄色，足尖无釉，露胎处呈紫褐色。"哥
窑"水注 1 件 [1]，小口，腹部有一环形小錾，底部有三乳足，足
呈紫褐色，胎质粗松，釉色米黄，釉层较厚，釉面有开片。

　　1977 年，安徽安庆元代窖藏出土哥窑瓷器 5 件 [2]，其中米黄

---

[1] "水注"应为鸟食罐。《镇江出土陶瓷器》第 195 页称为"鸟食器"。

[2] 有人把这些瓷器归入"传世哥窑"的范畴，包括上海青浦元墓出土的
　　8 件青瓷器等。参阅沈岳明、郑建明：《哥窑的新发现》第 46—48 页，
　　文物出版社 2018 年版。

釉盘 1 件, 敞口、弧腹、平底、矮圈足, 釉层较厚, 有开片纹, 外底中部有 6 枚支钉痕, 足和口沿釉层较薄, 呈现紫褐色。花口盏 2 件, 一件敛口、鼓腹、矮圈足, 内外施米黄色釉, 釉层较厚, 具开片纹, 足底露胎, 为铁黑色, 口沿釉层较薄, 呈紫褐色。另一件侈口、矮圈足, 内外施淡青釉, 釉层较厚, 具开片纹。淡青釉盏 1 件, 侈口、矮圈足, 内外施淡青釉, 釉厚质坚, 釉面布满疏朗的开片, 足底露胎, 呈铁黑色, 口沿釉层较薄, 呈紫褐色。米黄釉把杯 1 件, 敞口、斜腹, 釉层较厚, 有开片, 足底露胎, 胎呈铁黑色, 口沿釉层较薄, 呈紫褐色 [1]。

1980 年, 上海青浦元代任氏家族墓出土器物 71 件, 其中 "哥窑" 瓷器 8 件, 原报道称为 "官窑器", 有悬胆式瓶 4 件, 小口、斜肩、鼓腹、圈足, 施淡灰青色釉, 通体有细纹开片, 圈足露胎处呈紫褐色。贯耳瓶 2 件, 直口, 长颈两侧附贯耳, 扁圆形腹、圈足, 施灰青釉, 器身有细纹开片, 器口、耳釉薄处略呈紫色。簋式香炉 1 件, 胎灰黑, 釉色青灰, 具开片纹, 圈足底露紫褐色胎骨, 器内外底均有支钉痕。鬲式香炉 1 件, 口竖二螭耳、鼓腹、三足。根据墓志记载判断, 整个墓葬的年代是元代晚期 [2]。

1989 年, 江西宜丰邮电局工地元代窖藏出土器物 12 件, 包含 3 件瓷器, 分别为青白釉三足炉 1 件、霁蓝釉三足爵杯 1 件以及 "哥窑" 灰青釉冲耳乳足炉 1 件, 均为元代瓷器。"哥窑" 冲耳乳足炉, 唇口, 口沿两侧对称立竖耳一对, 短颈、鼓腹, 底部具三乳足, 釉色灰青泛白, 釉质乳浊失透, 釉面呈现大小不一的开片纹, 口沿有两条不连贯的长条形缩釉, 器内缩釉呈

---

[1]　胡悦谦:《安庆市出土的几件瓷器》,《文物》1986 年第 6 期。

[2]　沈令昕、许勇翔:《上海市青浦县元代任氏墓葬记述》,《文物》1982 年第 7 期。

元　"哥窑"香炉　高 10.8 厘米
（江西宜丰窖藏出土）

点状，底部缩釉为斑状及点状，外底有 6 个支钉痕，内底有 5
个套烧支钉痕[1]。

　　1998 年，安徽繁昌新港元代瓷器窖藏出土了 25 件器物，其
中有景德镇窑元青花兽耳盖罐 2 件、元青花高足杯 13 件、霁蓝
釉供器 3 件、"枢府釉"爵 1 件、"枢府釉"器座 3 件，龙泉窑青
瓷荷叶形盖罐 1 件，哥窑贯耳壶 2 件[2]。2 件贯耳壶形制相同，整
体呈扁八棱形，直口，垂腹，圈足。颈部饰凸弦纹两道，两侧
对称贴竖管状耳。通体施月白釉，开片纵横交错，底足一周无釉，
露胎处呈褐色。

[1]　刘金成、余康华、金勇军：《江西宜丰县邮电局工地元代窖藏》，《文
　　物天地》2020 年第 4 期。
[2]　郭青：《稀世瓷器 组团来见》，《大江晚报》2009 年 3 月 18 日 B2 版。
　　文中称两件贯耳壶为南宋官窑器。安徽省博物馆：《元瓷之珍》，文物
　　出版社 2009 年版第 129 页称其为"典型的哥窑类产品"。

2012 年，浙江长兴明墓出土"哥窑"贯耳瓶与双耳三足炉各 1 件 [1]。双耳三足炉，口微侈，圆唇，束颈，鼓腹，圜底，矮足。除足尖露胎外，通体施青釉，釉面具大小不一的开片纹，大开片纹呈黑色，小开片纹呈淡黄色，具有所谓的"金丝铁线"的特征，足底露黑色胎骨。贯耳瓶，直口，耳口部与瓶口齐，长颈，扁圆腹，圈足，通体施青釉，釉面布满大小不一的开片纹，其中大开片纹呈褐色，小开片纹呈淡黄色，一耳残，可看到胎呈灰黑色，底部露胎处呈紫褐色。

上述"哥窑"瓷器出土于元明时期的窖藏和墓葬，类型主要有贯耳瓶、长颈瓶、贯耳壶、盘、盏、各式香炉等。器物的时代特征比较明显，胎呈黑色或灰色，釉呈米黄、月白或青灰色。釉面片纹主要为大片纹或细片纹，且开片自然，不特意着色。尽管这些瓷器的具体烧造时间还不能确定，其是否产于同一窑口，即是否属于真正的哥窑制品尚不得而知，但它们的年代均晚于南宋却是铁的事实。需要指出的是，全国各地发掘的宋代墓葬、遗址中并没有出土哥窑瓷器，这可作为宋代并不存在哥窑的强有力的注脚。

传世的与出土的"哥窑"瓷器的异同

传世的"哥窑"瓷器是指收藏于海内外博物馆及收藏机构的不同于南宋官窑青瓷的黑胎乳浊釉瓷器，从造型来看，这类瓷器主要有贯耳瓶、长颈瓶、各式香炉、贯耳壶、盘、碗、洗、套盘、花盆等，较出土的"哥窑"瓷器的种类多。

---

[1] 浙江省文物考古研究所、长兴县文物保护管理所：《浙江长兴石泉明墓发掘简报》，《文物》2015 年第 7 期。有人将之归入了"传世哥窑"的范畴。

明　哥窑簋式香炉　口径 7.5 厘米
故宫博物院藏

　　传世的"哥窑"瓷器的胎釉共同特点是：胎呈灰色或黑色，胎体较厚，釉层乳浊而丰腴，多呈月白或米黄色，釉面布满大小不一的开片纹。

　　从开片纹上来看，出土的"哥窑"瓷器的片纹不人为进行装饰，开片的疏朗、细密或颜色深浅均较自然。传世的"哥窑"瓷器讲究装饰效果，大小开片相结合，且片纹一般均着色，追求所谓的"金丝铁线"效果。尤其突出的是清宫旧藏的粗片纹哥窑瓷器，如一件月白釉胆瓶[1]，釉面布满大小开片，片纹较粗者，呈黑色，片纹细浅者，呈黄色，形成了鲜明的"金丝铁线"装饰效果。另外一件米黄釉贯耳瓶[2]，开片细密，片纹较粗的呈深黑色，片纹细小的亦是黑色，只是颜色较浅，且片纹弯曲呈锯齿状，似是人工有意为之。

　　在焙烧方法上，出土的"哥窑"瓷器有垫烧的，如长兴明

[1]《故宫博物院藏文物珍品大系》之《两宋瓷器（下）》第 41 页，上海科学技术出版社、商务印书馆（香港）2010 年版。

[2]《故宫博物院藏文物珍品大系》之《两宋瓷器（下）》第 43 页，上海科学技术出版社、商务印书馆（香港）2010 年版。

明　哥窑樽式香炉　高 7.9 厘米
故宫博物院藏

墓出土的贯耳瓶、双耳三足炉皆为垫烧，
亦有支烧的，如安庆元代窖藏出土的盘为
支烧而成，外底有 6 个支钉痕，支钉为圆
形且呈黑色。杭州哥哥洞窑晚期制品大多
外底有支钉痕，有的内底亦有，如窑址出
土的一件香鼎，内外底均有支钉痕[1]，采用
套烧工艺，说明其生产具有很强的商业性，
而这种情况在传世的"哥窑"瓷器中也较
为普遍，如故宫博物院收藏的一件簋式香
炉，外底有 6 个支钉痕，内底有 5 个支钉
痕；一件樽式香炉，外底为垫烧，内底有
6 个支钉痕；另一件香鼎内底则有 7 个支
钉痕[2]。

　　观察传世的"哥窑"瓷器，大致可将
其分为四类：

　　第一类与哥哥洞窑晚期器物类似。如
故宫博物院收藏的花口洗，口和器身做成
葵瓣形，通体满釉，外底有 6 个支钉痕，
其造型和支烧方法与哥哥洞窑的青瓷花口
洗如出一辙[3]。

[1]《杭州老虎洞窑址瓷器精选》第 167 页，文物
　　出版社 2002 年版。

[2]《故宫博物院藏文物珍品大系》之《两宋瓷器
　　（下）》第 52、54、55 页，上海科学技术出版
　　社、商务印书馆（香港）2010 年版。

[3]《杭州老虎洞窑址瓷器精选》第 155 页，文物
　　出版社 2002 年版。

第二类是月白釉黑胎开片哥窑瓷器[1]。这类器物造型古朴，胎色较深，釉面开片自然，与元末哥哥洞窑的器物明显不同，也不如后来景德镇窑仿哥瓷器精致，应该是明早期的哥窑瓷器[2]。如故宫博物院收藏的哥窑小瓶、哥窑花盆等具有类似的特征[3]，黑胎，釉面开片不均而自然。小瓶腹部开片较大，颈肩部开片细密；花盆外壁开片较大，内壁开片较细碎，花盆内底有5个支钉痕。

第三类是景德镇窑仿哥瓷器。此类器物，做工精致，釉面光润，开片自然，开片颜色有黑、黄色，具有"金丝铁线"的装饰效果。如故宫博物院收藏的仿哥窑菊

明　仿哥窑菊瓣纹盘　口径 16 厘米
故宫博物院藏

---

[1] 清宫遗存的无款的各种月白釉开片瓷器，皆被归为哥窑，它们是否均为元末明初的哥窑所烧，尚不得而知，不排除其中存在景德镇"哥窑户"等窑口制品的可能性。不过，从其传承有绪、造型古朴的角度而言，姑且都以哥窑称之。

[2] 李刚认为"传世哥窑"瓷器的成熟期或曰定型期应在明洪武二十一年（1388）《格古要论》成书之后至宣德前的这段时期。参阅李刚：《内窑、续窑和哥哥洞窑辨析》，《东方博物》第23辑，浙江大学出版社 2007 年版。

[3] 《故宫博物院藏文物珍品大系》之《两宋瓷器（下）》第 51、61 页，上海科学技术出版社、商务印书馆（香港）2010 年版。

明　哥窑瓶　高 7.8 厘米
故宫博物院藏

明　哥窑香鼎　口径 7.9 厘米
故宫博物院藏

明　哥窑花盆　高 7.8 厘米
故宫博物院藏

明　哥窑贯耳瓶　高 11.3 厘米
故宫博物院藏

明　哥窑八棱贯耳壶　高 14.5 厘米
故宫博物院藏

瓣纹盘 [1]，日内瓦鲍氏东方艺术馆收藏的仿哥窑贯耳壶、套盘等。

　　第四类是粗片纹的哥窑瓷器。通体满釉，呈米黄色，开细碎的片纹，颜色有黑、黄两色，色泽浓厚，并且片纹线条弯曲，似《景德镇陶录》记载的碎器窑产品"以低墨土赭搽薰"而出的效果。

　　此外，需要注意的是，明清文人笔记中所谓的"哥窑"，单从文字上无法辨别其是否真正的哥窑瓷器，因为他们不是从考古学的角度，而是从鉴赏的角度，把南宋以后的厚釉开片瓷器

---

[1] 《故宫博物院藏文物珍品大系》之《两宋瓷器（下）》第 88 页，上海科
　　学技术出版社、商务印书馆（香港）2010 年版。

通通归为哥窑产品，所以其中也混入了部分官窑、仿官、仿哥的器物。

综上所述，传世的"哥窑"瓷器应属不同窑口、不同年代，其产地及具体烧造时间等问题还有待于考古资料的新发现而进行更深入的研究。

清宫旧藏"哥窑"瓷器的来源

1. 地方政府的进贡

在中国漫长的封建专制历史中，凡一方之土特产，要将最新、最好的向朝廷进贡，供统治者使用，此称为贡赋。据《尚书·禹贡》"任土作贡"疏云："赋者，自上税下之名，谓治田出谷，故经定其差等，谓之厥赋。贡者，从下献上之称，谓以所出之谷，市其土地所生异物，献其所有，谓之厥贡。"[1] 下之所供为贡，上之所取为赋。可见，贡赋之物，为一地"所生异物"，也就是特产之物。这种制度始于夏代，之后一直存在。到了唐代，土贡制度臻于完备。

唐代，瓷器就被地方政府列为土贡项目，贡瓷不一定是官窑瓷器，可以是地方官员从民窑中挑选出来的精品，也可以是"官搭民烧"的瓷器。如越州土贡瓷器[2]，豫章郡和饶州还曾以特供的方式向朝廷进贡过瓷器[3]。大多是地方官员因效忠、谢恩、祝贺等主动进贡，也有因皇帝特别爱好而索贡以及藩属为求平安

---

[1]《附释音尚书注疏》卷第六《禹贡第一》，中华书局 1979 年版。

[2]〔宋〕欧阳修等：《新唐书》卷四十一《地理志》，中华书局 1975 年版。

[3]〔后晋〕刘昫等：《旧唐书》卷一百五《韦坚传》，中华书局 1975 年版。

〔唐〕柳宗元：《代人进瓷器状》，《河东先生集》卷三十九《奏状》。

向朝廷称臣而特贡的。最典型的就是北宋立国后，吴越国"始倾其国以事贡献"[1]，多次进贡瓷器，曾向宋太祖、宋太宗进贡"金银饰陶器一十四万余事"[2]。耀州窑也烧造贡瓷供北宋宫廷使用，《元丰九域志》载"耀州华原郡土贡瓷器五十事"[3]。杭州凤凰山的元代哥哥洞窑，位于繁华的大都市，其产品又"绝类古官窑"，故该窑的部分上等品自然会被地方政府贡入宫廷[4]。

　　明代亦继承了前朝的土贡制度，在明初，太祖即"令天下贡土所有，有常额，珍奇玩好不与"[5]。明代皇室膳食、祭祀物品以及家用和赏赐等奢侈品所需，一般都由里甲向民户征派，责成光禄寺采办，"先是上供之物任土做贡，曰岁办。不给，则官出钱以市，曰采办。后本色坚守，采办愈繁。于是召商置买，物价多亏，商贾匿迹"[6]。因瓷器属于御用膳食、祭祀以及赏赐等用器之列，而景德镇的瓷器制作精良，自然属"上贡"之方物。实力雄厚的民窑主，亦有能力进贡瓷器。《明史》曾载："正统元年，浮梁民进瓷器五万余。"[7]此事在《明实录》中亦有记载，正统元年（1436）九月，"江西浮梁县民陆子顺进瓷器五万余件，上令送光禄寺充用，赐钞偿其直"[8]。而景德镇的"哥窑户"、碎器窑都是民窑，类哥产品亦会被作为特产用于上贡。

　　因此，清宫旧藏的"哥窑"瓷器，当有一部分是来自地方

---

[1] 〔宋〕欧阳修：《新五代史》卷六十七《吴越世家》，中华书局1974年版。

[2] 〔清〕吴任臣：《十国春秋》卷八十二《吴越·忠懿王世家》，中华书局1983年版。《吴越备史》卷四。《四部丛刊续编》本。

[3] 〔宋〕王存：《元丰九域志》卷第三，中华书局1984年版。

[4] 李刚：《古瓷三笔》，《东方博物》第6辑，浙江大学出版社2002年版。

[5] 〔清〕张廷玉等：《明史》卷七十八《食货志二》，中华书局1974年版。

[6] 〔清〕张廷玉等：《明史》卷八十二《食货志六》，中华书局1974年版。

[7] 〔清〕张廷玉等：《明史》卷八十二《食货志六》，中华书局1974年版。

[8] 《明英宗实录》卷二三（正统元年九月丁卯），"史语所"1962年版。

政府的贡品。

2. 官员的进奉

官员的进奉是哥窑瓷器进入宫廷的另一种途径。清代帝王每逢万寿、元旦、端午等佳节庆典，都会接受宗室、群臣的进贡，即所谓万寿贡、年贡、端午贡。除此之外，还有中秋贡、上元贡，等等。在呈进的贡品之中，往往包含有大量的历代瓷器。例如：康熙五十二年（1713），康熙六旬万寿盛典之时，在皇室成员、宗室、各级官员等人的贡品中便有历代名窑瓷器 300 多件，其中有哥窑瓷器 21 件[1]，这些进贡的哥窑器物除了常见的盘、香炉、洗、瓶等，也有"寿佛"一类的似是仿哥之器，它们入藏宫廷内府，或作为日常室内陈设，或作为祭祀礼器。这是目前所知清帝收藏古瓷的最早记录，之后由于雍正、乾隆等帝王对于瓷器收藏的热衷和偏好，故大量古代陶瓷珍品开始陆续成规模地入藏清宫。《清宫瓷器档案全集》中收录的"贡档进单"，内容包括向皇帝进贡瓷器的日期、器物名称、贡者姓名及器物去向，其中记录的"哥窑"瓷器，理应包括哥窑瓷器和仿哥瓷器。

3. 景德镇御窑的仿烧

景德镇除"哥窑户"仿烧哥窑瓷器外，据明人文震亨的《长物志》"宣窑冰裂鳝血纹者，与官、哥同"的记载[2]，可知景德镇御窑在宣德时期亦仿烧哥窑瓷器。证之于实物，2002 年在景德镇珠山御窑遗址中出土有宣德款仿哥釉多棱罐、六边形罐以及

---

[1] 孙悦：《从〈万寿盛典初集〉看康熙朝宫廷用瓷》，《明清论丛》第 13 辑，故宫出版社 2014 年版。

[2] 〔明〕文震亨：《长物志》卷七《海论铜玉雕刻窑器》。文渊阁《四库全书》本。

大盘等 [1]，故宫博物院收藏的宣德仿哥釉碗，圈足内有"大明宣德年制"青花款 [2]，说明景德镇御窑的仿哥产品亦被宫中珍藏。

值得注意的是宣德时期景德镇御窑的仿哥釉瓷器，釉色月白，釉面布满细碎纹片。同时期还有仿汝窑青釉瓷器、仿龙泉窑青釉瓷器等。如仿汝窑小盂，通体施淡青釉，釉色绿中微微泛蓝，并有细小纹片，与北宋汝窑青釉相近 [3]；仿龙泉窑青釉瓷器，如仿龙泉窑刻花翻唇洗，外壁上部有青花六字横款"大明宣德年制" [4]，仿龙泉窑青釉盘，外底心刻"大明宣德年制"六字双圈楷书款，隐约可见 [5]。而仿官窑之器，釉色则为粉青。成化时期的仿官窑瓷器有仿官窑簋、觚、瓶等，釉

[1] 北京大学考古文博学院、江西省文物考古研究所、景德镇市陶瓷考古研究所：《景德镇出土明代御窑瓷器》第152—158页，文物出版社2009年版。

[2] 故宫博物院：《故宫陶瓷图典》第150页，紫禁城出版社2010年版。

[3] 香港艺术馆：《景德镇珠山出土永乐宣德官窑瓷器展览》第276—277页，香港市政局1989年版。

[4] 香港艺术馆：《景德镇珠山出土永乐宣德官窑瓷器展览》第204—205页，香港市政局1989年版。

[5] 北京大学考古文博学院、江西省文物考古研究所、景德镇市陶瓷考古研究所：《景德镇出土明代御窑瓷器》第150—151页，文物出版社2009年版。

明成化　仿官窑瓶　高22.2厘米
（景德镇御窑窑址出土）

明宣德　仿哥釉大盘残件　口径 40.8 厘米
（景德镇御窑窑址出土）

明宣德　仿哥釉多棱罐（修复件）
高 11 厘米
（景德镇御窑窑址出土）

明宣德　仿哥釉碗　口径 20.7 厘米
故宫博物院藏

明宣德　仿哥釉梅瓶　高 32.1 厘米
南通博物苑藏

明成化　仿哥釉高足杯　高 9.7 厘米
故宫博物院藏

明成化　仿哥釉花口杯　高 5 厘米
故宫博物院藏

色皆为粉青 [1]。由此可见，明早期是能将哥窑、汝窑、官窑、龙泉窑等窑口瓷器清晰区分的，从而可知当时宫廷中是有哥窑瓷器的。有学者曾撰文指出，"倘若明代哥窑不设于杭州凤凰山一带，那必定是迁往他处了，传世的哥窑瓷器就是哥窑遗址客观存在的标志" [2]。明确地指出了所谓的"传世哥窑"即哥窑，只是其产地尚需深入探索。

清代亦对哥窑瓷器有所仿制。乾隆四十八年（1783）《浮梁县志》"陶成纪事碑记"中载："烧造各色条款……厂内所造各种釉水、款项甚多，不能备载。兹举其仿古、采今，宜于大小盘、碗、盅、碟、瓶、罍、尊、彝，岁例贡御者五十七种，开列于后，以志大概……仿铁骨哥釉，有米色、粉青二种，俱仿内发旧器色泽。" [3]

清宫造办处《各作成做活计清档》详细记录了雍正至光绪时期承办瓷器的事由、器物名称、数量、经办人及经办结果等事项，涉及哥窑的记事有很多条，其中有一则记事："乾隆九年十二月初三日，七品首领萨木哈来说，太监胡世杰传旨：著照合牌瓶样式，按牙座子大小烧造哥窑瓶一件，仿旧的做，不要款式，仿得旧更好。钦此。"至十二日："七品首领萨木哈将做得哥窑渣斗样一件随牙座持进，交太监胡世杰呈览。奉旨：准照样交唐

[1] 北京大学考古文博学院、江西省文物考古研究所、景德镇市陶瓷考古研究所：《景德镇出土明代御窑瓷器》第 175—178 页，文物出版社 2009 年版。

[2] 李刚：《内窑、续窑和哥哥洞窑辨析》，《东方博物》第 23 辑，浙江大学出版社 2007 年版。

[3] 〔清〕程廷济总修，凌汝绵编纂：《浮梁县志》卷五。乾隆四十八年（1783）刊本。

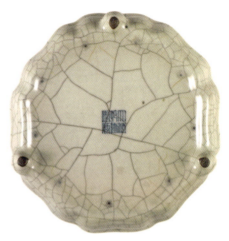

清乾隆　仿哥釉三足盘　口径 21.2 厘米
故宫博物院藏

英烧造。"[1]乾隆十年（1745）四月初八日,唐英上呈新烧品目时,
曾经明文指出"今制造得哥窑渣斗一件"[2],由此可见,清宫旧藏
的仿哥瓷器中,有一些是景德镇御窑奉旨烧造的,尤其是到了
清代,通常只是釉面类哥,器形则远离了元末明初的哥窑制品。
不难看出,明清时期朝野人士对哥窑瓷器釉面的审美观一直执
着不变,而在器物造型上则与世推移地融入了当时的审美元素,
于是使各类仿哥及仿哥釉瓷器呈现出了新颖多姿的面貌。

　　4. 籍没官员的藏品

　　收藏古瓷在明代已成风气,同时也出现了一些有关瓷器品
鉴的论著和文章,如曹昭的《格古要论·古窑器论》、高濂的《遵
生八笺·论官哥窑器》、文震亨的《长物志》等,许多官僚贵族、

[1]　铁源、李国荣主编：《清宫瓷器档案全集》卷二（乾隆九年）,中国画
　　报出版社 2008 年版。

[2]　铁源、李国荣主编：《清宫瓷器档案全集》卷二（乾隆十年）,中国画
　　报出版社 2008 年版。

明　青花人物纹画筒　高 22 厘米
天津博物馆藏

宗室亲王家中皆有古瓷珍品。有的官员因种种原因获罪后，家产
大都被查抄、没收，他们所藏的包括历代古瓷在内的珍品，也
就理所当然地充实了宫廷收藏。譬如：明朝严嵩（1480—1567），
擅专国政达 20 年之久，是有名的权臣。最后被抄家之时，金银
财宝、绫罗绸缎、钟鼎彝器及名人字画数目惊人，籍没严嵩家
产的登记簿，竟被保存下来，冠名《天水冰山录》，流传于世。
据其记载，在被朝廷籍没的严嵩及其子严世蕃的财产中，有"哥、
柴窑碎磁杯、盘一十三个，内一个厢金边，哥窑碎磁桃杯一只，
柴窑碎磁盆五个，柴窑碎磁碗二个，哥窑碎磁瓶二个，哥窑碎
磁笔筒一个，彩漆碎磁壶一把"[1]。碎磁就是釉面开片的瓷器，这
反映出哥窑瓷器是深受达官贵族青睐的。明代，文人士大夫亦
颇为喜爱哥窑瓷器，从当时的绘画作品中可窥一斑。明代著名
画家陈洪绶（1598—1652）的许多作品如《摘梅高士图》、《晞发

[1]〔明〕佚名：《天水冰山录》。《知不足斋丛书》本。

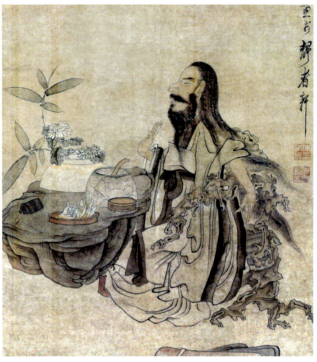

明　陈洪绶《二老行吟图》局部（左上图）
清华大学美术学院藏

明　陈洪绶《晞发图》局部（右上图）
重庆市博物馆藏

明　陈洪绶《闲话宫事图》局部（下图）
沈阳故宫博物院藏

图》、《策杖寻春图》以及《二老行吟图》[1] 等中皆绘有哥窑瓷器。绘画作品中频繁出现哥窑瓷器，甚至在瓷器的图案上亦有哥窑瓷器出现，如天津博物馆收藏的明代青花人物纹画筒的图案中，两个人物旁边的桌子上各有一只哥窑花瓶，这表明哥窑及仿哥瓷器在社会上既有一定的数量，又深受世人的普遍喜爱。

明代时设有"赃罚库，贮没官物"[2]，且赃罚库属于内库的范围。明末成书的《宣德鼎彝谱》在记录铸造鼎彝所仿的器物时，"数目多寡，款式巨细，悉仿宣和博古图录及考古诸书。并内库所藏柴、汝、官、哥、均、定各窑器皿款式典雅者，写图进呈拣选，照依原样，勒限铸成"[3]。这说明当时内库所藏就有哥窑瓷器，其中应包括没收的官物。清代依然有籍没犯罪官员家产的制度，如乾隆时期的权臣和珅，在嘉庆四年（1799）被抄没家产时，即查抄其有"磁器库一间（估银一万两）"[4]，共有瓷器 96184 件 [5]。在如此巨量的瓷器中，存在哥窑及仿哥瓷器的可能性是不能排除的。显然，籍没"官物"也是清宫旧藏"哥窑"瓷器的一个来源。

---

[1] 《中国绘画全集》第 18 册图 119、133、137、138，浙江人民美术出版社、文物出版社 2000 年版。

[2] 〔清〕张廷玉等：《明史》卷七十九《食货志三》，中华书局 1974 年版。

[3] 〔明〕吕震：《宣德鼎彝谱》卷一。文渊阁《四库全书》本。

[4] 〔清〕薛福成：《庸庵笔记》卷之三《轶闻·查抄和珅住宅花园清单》。上海扫叶山房清宣统二年（1910）石印本。

[5] 〔清〕佚名：《查抄和珅家产清单》，《明武宗外纪》第 279 页，神州国光社 1946 年版。

解决哥窑问题的途径

关于哥窑的研究，需要解决的问题还有很多，尤其是时代及窑口问题。尽管哥哥洞窑窑址的发掘和清理，表明了元代该窑烧造仿官产品的事实，也为探明出土的元末明初哥窑瓷器的产地提供了一条线索，然而海内外收藏的所谓"哥窑"瓷器，并非同一窑口所烧，除了哥哥洞窑及其后续窑场的制品外，景德镇窑的仿品占有一定比例，有专家在对传世的"哥窑"瓷片进行化学分析后认为，其产地可能在江西景德镇[1]。当然，也可能还有碎器窑的产品，所以，出土的"哥窑"瓷器及传世的"哥窑"瓷器的产地问题，仍然需要新的考古调查和发掘来揭示。

在研究中引入科学测试手段进行精确断代，也很必要。因为断代是古陶瓷研究的重要环节，也是许多后续研究的前提和基础。20 世纪 60 年代，热释光技术被应用于古陶瓷断代，至 80 年代初，这项技术已趋于成熟，所测定的古陶瓷年代与相应的碳十四（^{14}C）年代和考古判定年代相当接近[2]。随着古陶瓷热释光年剂量数据库的建立和科技的进步，测定的误差率会不断降低，热释光断代对古陶瓷研究将起到关键性的作用。

20 世纪 90 年代，人们用中子活化法、X 荧光光谱法和等离子光谱法等，对古瓷胎中的微量元素进行分析、统计，发现不同地点生产的古瓷胎中的微量元素存在着明显的差异，根据这一

[1]　周仁、张福康：《关于传世"宋哥窑"烧造地点的初步研究》，《文物》1964 年第 6 期。

[2]　王维达、周智新：《用热释光测定中国古陶器年代》，《中国古陶瓷研究》，科学出版社 1987 年版。〔英〕Doreen Stoneham：《用热释光测定瓷器年代》，《中国古陶瓷研究》，科学出版社 1987 年版。

特性，人们曾将相邻的慈溪和上虞出产的越窑青瓷以及郊坛下官窑和龙泉官窑出产的黑胎瓷区别开来[1]。这种微量元素测定法，已能将同一地区或不同地区所烧制的胎釉等外观特征相同的瓷器加以明确区分[2]。就像古陶瓷断代借助热释光测试一样，古瓷产地的准确鉴定也必须依赖科技手段，如建立古瓷微量元素数据库，从而为出土及传世的古陶瓷找到确切产地。

相信随着考古调查和发掘的不断进行，以及热释光断代及微量元素测定法等技术在古陶瓷研究中的应用，哥窑的研究必将取得更大的突破。

[1]　罗宏杰等：《浙江部分古瓷胎稀土元素分布特征的研究》，《古陶瓷科学技术》第二集，上海古陶瓷科学技术研究会 1992 年版。
[2]　李刚：《识瓷五笺》，《东方博物》第 26 辑，浙江大学出版社 2008 年版。

哥哥洞窑的几个问题

南宋灭亡后，南宋官窑的优秀制瓷工艺直接或间接地被元代的窑场吸收，杭州凤凰山上的哥哥洞窑烧制出了"绝类古官窑"的青瓷。其釉色、造型皆仿宋代官窑的乳浊釉青瓷，到了元代末期，由于"绝类古官窑"的制瓷工艺的缺失，哥哥洞窑产品的质量陡然下降，原料加工草率，器物胎质粗糙，器形普遍显得笨拙，釉色大多偏灰或泛黄，有的还呈现出乳浊的月白、米黄色，它们成为哥窑瓷器的源头。

窑名的由来

哥哥洞窑的名称目前仅见于元人孔齐的《静斋至正直记》，该书记载："乙未冬在杭州时，市哥哥洞窑器者一香鼎，质细虽新，其色莹润如旧造，识者犹疑之。会荆溪王德翁亦云，近日哥哥窑绝类古官窑，不可不细辨也。"[1] 由于传抄过程中的脱漏，结果使

---

[1] 〔元〕孔齐：《静斋至正直记》卷之四《窑器不足珍》。《粤雅堂丛书》本。

"哥哥洞窑"变成了"哥哥窑",虽然只少了一个"洞"字,却使最初以小地名——"哥哥洞"命名的窑,成了不知其所在的"哥哥窑",至明初则被简称为"哥窑"[1]。

用"洞"字构成山上的小地名,在古代是常有的事。宋人陆游的咏东山诗中有"蔷薇洞"[2],古时杭州凤凰山上有"北观音洞",等等。但这些地方既没有天然形成的山洞,也没有古人开挖的洞穴,所以,"洞"指的是山上某处狭小的区域。元代杭州凤凰山上的窑场因坐落在"哥哥洞",故被当时的人称作"哥哥洞窑"。关于"哥哥洞窑"一名的出现,有人认为杭州话中的代词"这个"读音为"格格",它与"哥哥"谐音,因而元代杭州凤凰山上的窑场被称为"这个洞窑",孔齐在《静斋至正直记》中按照读音将它误记成"哥哥洞窑"。然而,这种说法纯属毫无根据的凭空想象。

首先,宋室南迁后将临安(今浙江杭州)定为国都,无数的中原人士均寓居于此,以故都汴京(今河南开封)的方言为主的北方话便在临安城中流行,很快形成了本地的新语言。元代的杭州话应基本保留了南宋时的发音。随着岁月的流逝,杭州周边的方言渐渐地糅入杭州话中,而历代杭州人自身也总是有意或无意地不断改变着杭州话的语词和发音,故现在的杭州话早已不是南宋和元代的原貌了。经询问几位七旬左右的老杭州人,得知他们年轻时说的杭州话,到现在已有很多变化,不仅当年说的许多语词,现今已不再使用了,而且不少字的发音,也截然有别于昔日,例如(以现代汉语的发音作参照):"破",几十年前音同"剖",现在大多数人读"怕"音;"朋友"的"朋",以前

---

[1] 〔明〕曹昭:《格古要论》卷之下《古窑器论·哥窑》。《夷门广牍》本。
[2] 光绪《上虞县志》卷十九《舆地志·山川》。光绪十七年(1891)刊本。

与"棚"近音,现在则与"旁"谐音;"关门"的"关",以前与"锅"同音,现在多读成"乖";"今朝"的"今",以前的发音与"金"相同,现在多被读成"庚";"银行"的"银",以前读作"营",现在的发音与"宁"相同;"忘记"的"忘",以前与"枉"谐音,现在的读音则与"莽"相似;"房间"的"间",以前与"皆"同音,现在多被读成"该";"碰头"的"碰",以前的读音与"捧"接近,现在则与"榜"谐音;"绕圈子"的"绕",以前与"扰"谐音,现在多读成"鸟";"大人"、"问题不大"的"大",以前的读音近似"打",现在多读成"抖";"膨胀"的"膨",以前的读音与"蓬"接近,现在多被读成"磅";"让"以前与"嚷"近音,现在的读音近似"酿";"横"以前与"恒"谐音,现在多被读成"王";"敲门"、"敲竹杠"、"敲瓦爿儿"的"敲",以前读"悄"音,现在的发音与"考"接近;水花飞溅的"溅",以前发"介"音,现在的读音同"载";"习惯"的"惯",以前读作"过",现在多读成"怪";与人说话,以前都用"说"或"讲",现在则多用"话",此字音近"我"……尤为重要的是,以前说"这个人"、"这个伢儿"、"这个老倌"、"这个地方"、"这个东西"时,"这"字的读音与"纠"相近,现在仍有很多中老年杭州人读此音。方言的发音,越早越接近古音,这是毫无疑问的。杭州话在短短的几十年间就发生了这么多的变化,那么,七百年前的元代杭州话肯定与今天的杭州话有着更大的差别。此外,"这个"一词在古汉语中极少用到,而多以"此"作代词。所以,把当今杭州话的语词与发音,当作元代杭州话的语词与发音,实属无稽之谈,自然是无法令人信服的。

其次，孔齐是山东曲阜人[1]，难道他会用杭州方言写书吗？说"近日哥哥窑绝类古官窑"的王德翁，是荆溪（今江苏宜兴）人，他怎么会说杭州方言呢？其实，即便是杭州人写书，使用的也必定是官方统一的书面语，而不是当地的土话。

明人曹昭在洪武二十一年（1388）编成的《格古要论》中将原本误写的"哥哥窑"简称为"哥窑"[2]，此名的源头即为元代的哥哥洞窑。《格古要论》是中国现存最早的门类完备、内容翔实的考证文物的专著，像曹昭这样治学严谨的文人，岂会辨不清窑名的由来？再者，古人是从来不用代词"这个"、"此"来命名窑场的。由此可知，哥哥洞窑的名称绝不是现今的杭州话"这个洞窑"的谐音。

哥哥洞窑位于杭州的凤凰山与九华山之间的一个山坳平地上，现在的杭州人称此地为"老虎洞"。不过，咸淳《临安志》、明清的《杭州府志》等方志中，均无杭州凤凰山的"老虎洞"一名，可见，此名也是近现代才出现的名称。有人说哥哥洞窑窑具上的虎纹表明元代此地称作"老虎洞"。然而，虎在传统文化中属于祥瑞动物，虎纹是被认为具有辟邪功能而印在窑具上的，如果说虎纹是地名"老虎洞"的证据，那么，一并出土的窑具上的鹿纹作何解释？难道元代此地又名"鹿洞"？而窑具上的八思巴字等，更难以与地名牵强附会了。

自宋代以来，窑口的命名是多样化的。南宋人叶寘的《垣斋笔衡》、顾文荐的《负暄杂录》中的"官窑"、"内窑"是以属

---

[1] 《四库全书总目》卷一四三《子部五三·小说家类存目一》，中华书局1965年版。

[2] 〔明〕曹昭：《格古要论》卷之下《古窑器论·哥窑》。《夷门广牍》本。明代王佐于景泰七年（1456）至天顺三年（1459）间增补的《新增格古要论》中则依旧称为"哥哥窑"。

性命名的[1],"汝窑"、"余姚窑"、"龙泉县窑"是以属地命名的,"乌泥窑"是以胎土命名的,"续窑"是以时序命名的。南宋人吴自牧的《梦粱录》和咸淳《临安志》中的"青器窑"[2],则是以釉色命名的。"哥哥洞窑"之名是宋代以来窑口命名多样化的反映——为属地命名法的具体化,即以小地名——凤凰山上的哥哥洞来命名窑场。值得一提的是,"哥哥洞窑"是元代社会上流行的窑名,窑工则称该窑为"官窑"。

考古发现

1996 年,人们在杭州凤凰山上发现了一处烧造黑胎青瓷的古窑址,1998 年 5 月至 12 月和 1999 年 10 月至 2001 年 3 月,杭州市文物考古所先后对其进行了两次大规模的考古发掘,并取得了丰硕的成果[3]。共清理出不同时代的龙窑 3 座、小型馒头窑 4 座、作坊 10 座、澄泥池 4 个、辘轳坑 12 个、釉料缸 2 个、采矿坑遗迹 2 处等,发现了 24 个瓷片堆积坑,出土了大量瓷片和窑具。窑址分属元代和南宋两个时期。据研究,其中南宋窑业遗存属于南宋官窑发展序列中的续窑,其生产性质与内窑相同[4]。

[1] 〔宋〕叶寘:《垣斋笔衡》,《辍耕录》卷第二十九《窑器》。《津逮秘书》本。〔宋〕顾文荐:《负暄杂录》,《说郛》卷十八。涵芬楼本。

[2] 〔宋〕吴自牧:《梦粱录》卷九《内诸司》。《学津讨原》本。咸淳《临安志》卷之十《行在所录·内诸司》。

[3] 杜正贤、马东风:《杭州凤凰山老虎洞窑址考古取得重大成果》,《南方文物》2000 年第 4 期。杜正贤:《杭州老虎洞南宋官窑窑址的考古学研究》,《故宫博物院院刊》2002 年第 5 期。《杭州老虎洞窑址瓷器精选》,文物出版社 2002 年版。

[4] 李刚:《宋代官窑续论》,《东方博物》第 19 辑,浙江大学出版社 2006 年版。

　　元代窑址中出土了大量类似于南宋官窑尤其是续窑制品的瓷片，器型主要有碗、盘、瓶、洗、杯、器盖、鸟食罐、鬲式香炉、香鼎等，釉色有粉青、青灰、米黄、月白等色，烧制方法有支烧和垫烧两种，器底所留的支钉支烧痕有3、4、5、6个不等。窑址出土的窑具也很多，有匣钵、支钉、支圈和各种垫烧具等。有的窑具上印有八思巴字，毫无疑问，八思巴字这种特殊的文字在杭州使用应该是在元兵攻克临安以后，因而这些瓷片和窑具无疑为元代专仿宋代官窑青瓷的窑场之废弃物，这处窑址正是孔齐所记载的"绝类古官窑"的哥哥洞窑。除有范印的八思巴字外，有的支钉上还有"永吉"等字，同时还有祥瑞的鹿纹和辟邪的虎纹。

续窑窑址的瓷片堆积

续窑窑址发现的小型馒头窑
（左图）

续窑窑址发现的釉料缸
（右图）

哥哥洞窑窑址出土的印有八思巴字的支钉

哥哥洞窑窑址出土的印有虎纹和鹿纹的支钉

哥哥洞窑窑址出土的各式香鼎、香炉残片

哥哥洞窑窑址出土的"官窑"款青瓷残片

哥哥洞窑窑址出土的"官窑"款青瓷残片

哥哥洞窑窑址出土的"官窑"款青瓷碗残片，质地粗陋，施透明釉，用叠烧法焙烧，圈足内的釉下用褐彩工整地书写"官窑"二字[1]。这类粗瓷分明不同于高档的乳浊釉青瓷，它们只是窑工等普通人使用的器皿。然而，"官窑"这个名称，却反映出哥哥洞窑与官方的关系。有学者认为"哥哥洞窑是使杭州官府获益并受它监督的官窑"[2]，也有人认为该窑"是官府设立的官窑"[3]。

两类瓷器

仔细观察，可发现杭州凤凰山窑址的元代地层即哥哥洞窑的产品可分为截然不同的两类。一类就是烧于元末以前的质量较好的"绝类古官窑"的器物，与南宋官窑瓷器质量相近，釉色偏青。第二类是元末所烧的"土脉粗燥，色亦不好"的瓷器，在哥哥洞窑的遗物中占有一定比例。从哥哥洞窑窑址出土的晚期瓷片看，胎质较粗，釉色普遍偏灰或泛黄，有的还呈现出乳浊的月白、米黄色，这表明哥哥洞窑"绝类古官窑"的制瓷工艺已经退化且技术上出现了缺失[4]。

出现这一现象的原因，有学者从宋元的匠籍制度来考证，认为是元代的官府匠籍奴隶制使得官匠们几无生产积极性，从

---

[1] 《杭州老虎洞窑址瓷器精选》第 165 页，文物出版社 2002 年版。

[2] 李刚：《内窑、续窑和哥哥洞窑辨析》，《东方博物》第 23 辑，浙江大学出版社 2007 年版。

[3] 王光尧：《杭州老虎洞瓷窑遗址对研究官、哥窑的启示》，《故宫博物院院刊》2002 年第 5 期。

[4] 李刚：《内窑、续窑和哥哥洞窑辨析》，《东方博物》第 23 辑，浙江大学出版社 2007 年版。

哥哥洞窑窑址出土的青瓷六曲花口盘（修复件）
口径 15.7 厘米

哥哥洞窑窑址出土的青瓷洗（修复件）
口径 13 厘米

而导致官府作坊产品的质量下降[1]。既然哥哥洞窑是元代的官府窑场[2]，那么其生产必须要严格按照官方的标准来进行，元代"局院造作，局官每日巡视，提调官按月点检，务要造作如法"，"络丝、打线、缳经、拍金、织染工程，俱有定例……如违限不纳及造作不如法者，量情断罪"[3]。从工匠造得不好会被定罪这一情况看，哥哥洞窑产品质量的下降绝不会是因为窑工缺少积极性而造成的，必定是技术的缺失导致无法再生产"绝类古官窑"的器物了。

实际上，造成哥哥洞窑技术断层的应是至正十九年（1359）杭州城所遭遇的灭顶灾难。据元人陶宗仪的《辍耕录》记载，至正十九年冬，"金陵游军斩关而入，突至城下，城门闭三月余，各路粮道不通，城

[1] 王光尧：《杭州老虎洞瓷窑遗址对研究官、哥窑的启示》，《故宫博物院院刊》2002 年第 5 期。

[2] 从窑址元代地层出土"官窑"铭青瓷碗残片，可看出其与官方的关系。李刚认为"哥哥洞窑是使杭州官府获益并受它监督的官窑"，参阅《内窑、续窑和哥哥洞窑辨析》，《东方博物》第 23 辑，浙江大学出版社 2007 年版。王光尧亦认为该窑场"在元代是官府设立的官窑"，参阅《杭州老虎洞瓷窑遗址对研究官、哥窑的启示》，《故宫博物院院刊》2002 年第 5 期。

[3] 《通制条格》卷三十《营缮·造作》，浙江古籍出版社 1986 年版。

中米价涌贵，一斗直二十五缗。越数日，米既尽，糟糠亦与常
日米价等，有赀力人则得食，贫者不能也。又数日，糟糠亦尽……
至有合家父子、夫妇、兄弟，结袂把臂，共沉于水，亦可怜已。
一城之人，饿死者十六七。军既退，吴淞米航辐辏，籍以活，
而又太半病疫死"[1]。在这次灾难中，仅饿死的人就占全城人数的
百分之六七十，剩下的百分之三十左右的人又有大半死于疾病，
由此可以认为，哥哥洞窑的杰出窑匠死于这次灭顶之灾或其在
大难临头前闻风远遁是导致优秀制瓷传统消失的主要原因[2]。

产品变易

　　细读《静斋至正直记》，可以得知"乙未冬"（至正十五年，
1355）孔齐在杭州买到的哥哥洞窑的香鼎，质地细腻，釉色莹润，
类似古昔所烧的瓷器，以至令当时有见识的人都不敢相信是新
烧的瓷器，当孔齐见到在杭州的荆溪（今江苏宜兴）人王德翁时，
也听他说近日该窑的产品极像"古官窑"，若不细加辨识，是难
分彼此的。由此可知，直至 1355 年，南宋官窑黑胎乳浊釉青瓷
的烧制工艺依然在哥哥洞窑延续着，并且，因为窑场建在南宋
官窑之一的续窑的废墟上，可随时用续窑的黑胎乳浊釉青瓷残
片作参照，所以为制品"绝类古官窑"提供了得天独厚的条件。
不过，元人说的"绝类"，是指哥哥洞窑瓷器的釉色"莹润如旧
造"，而在器物的造型上，该窑既仿宋代官窑青瓷，同时又或多
或少地烙有元代的印记。

---

[1]　〔元〕陶宗仪：《辍耕录》卷第十一《杭人遭难》。《津逮秘书》本。
[2]　李刚：《内窑、续窑和哥哥洞窑辨析》，《东方博物》第 23 辑，浙江大
　　　学出版社 2007 年版。

哥哥洞窑窑址出土的青瓷花口洗残件   口径 11.8 厘米

哥哥洞窑窑址出土的青瓷花口杯（修复件）
高 4.3 厘米

哥哥洞窑窑址出土的青瓷樽式香炉（修复件）
高 6.3 厘米

　　如上所述，哥哥洞窑的瓷器可分为截然不同的两类：一类瓷胎的颜色大部分偏深，釉均施得较厚，断面可见重复施釉的分层现象，釉色偏青，以垫烧为主，与南宋官窑瓷器质量相近，它烧于杭城遭灾的 1359 年之前。另一类则是做工粗糙，釉色不佳的劣质瓷器，它烧于 1359 年之后。有一点需要指出，哥哥洞窑 1359 年以后烧造的产品的辨识度很高，而此前所烧的"绝类古官窑"的瓷器，因与续窑遗存的青瓷残片堆积在同一区域，故要将二者清晰地区分开来，还有待于进行更深入、全面的探讨，同时，必须借助热释光测定、胎釉主量元素和微量元素分析等科技手段，以使研究对象的相对年代、工艺差异等具有科学数据作支撑的精确度与可信度。以往的出版物中，把杭州凤凰山窑址的精品年代标为"宋—元"，这是无法确定产品窑口归属的模糊断代。但是，南宋的续窑与元代的哥哥洞窑，其所属朝代、服务对象、窑场属性等都截然不同，此地遗存的黑胎乳浊釉青瓷

哥哥洞窑窑址出土的青瓷花口洗（修复件）
口径 12 厘米

哥哥洞窑窑址出土的青瓷盘（修复件）
口径 16.6 厘米

精品，非此即彼，在朝代、窑口的认定上，是没有可含糊的空间的。这正是将来分清这两个窑口制品的必要性所在。

这两类瓷器正好印证了《格古要论》中哥窑分早、晚两期的记载。该书云："哥窑，旧哥窑，色青，浓淡不一，亦有铁足紫口，色好者类董窑，今亦少有。成群队者，元末新烧者，上脉粗燥，色亦不好。"[1] 很显然，哥窑有新旧之分，旧哥窑瓷器是对元早中期"绝类古官窑"的优质青瓷的描述，这类产品在明初已颇为罕见了，而元末成批烧制的劣质乳浊釉瓷器，分明是不能与"绝类古官窑"的粉青釉瓷器相提并论的。

需要注意的是，至正十九年（1359）正是元代哥哥洞窑前

---

[1]〔明〕曹昭：《格古要论》卷之下《古窑器论·哥窑》。《夷门广牍》本。

哥哥洞窑窑址出土的青瓷碗残件
口径 15.8 厘米

哥哥洞窑窑址出土的青瓷香鼎（修复件）
高 7.4 厘米

哥哥洞窑窑址出土的月白釉六曲花口盘（修复件）
口径 13.4 厘米

哥哥洞窑窑址出土的米黄釉把杯残件　高 8.2 厘米

后两期的分界点，前后两类截然不同的产品也反映出窑场前后两期属性的不同，即元末以前属于官府监烧的窑场[1]，而元末的哥哥洞窑则已成为纯粹的民窑了。

元代晚期，哥哥洞窑因战乱而一度停烧。元末恢复生产，哥哥洞窑烧制粉青釉或天青釉的关键的工艺技术缺失了，但是灰胎和黑胎、乳浊釉等特征仍在所烧瓷器中保留了下来，其中的月白釉、普遍开片的产品,已类似所谓的"传世哥窑"瓷器。很显然，元末哥哥洞窑烧制工艺的不可逆的变易，"无心栽柳"式地孕育出了瓷器史上的另一个名窑——哥窑，元末以后该窑烧制的黑胎月白色乳浊厚釉瓷器，成为一个崭新的单独瓷种，它除了月白色这一典型特征外，开片亦被刻意作为一种标志性装饰。

明早期的哥窑窑址是否与元末哥哥洞窑窑址叠压在一处，亦或易地设窑，尚不得而知。因哥哥洞窑窑址遗存在半山腰上，地表的堆积最易受到自然力和人类活动的破坏，故寻觅哥窑的踪迹，既需要把考古工作做得更细，也应借助科学手段对窑址残瓷和墓葬出土、传世的早期哥窑器物的微量元素作对比测定，以弄清哥窑窑址所在。哥窑的历史虽很短暂，但这类昙花一现而又广受世人喜爱的月白釉、开片瓷器，却成为明清景德镇御窑和民窑中的"哥窑户"不断仿烧的品种。

---

[1] 李刚：《内窑、续窑和哥哥洞窑辨析》，《东方博物》第 23 辑，浙江大学出版社 2007 年版。王光尧：《杭州老虎洞瓷窑遗址对研究官、哥窑的启示》，《故宫博物院院刊》2002 年第 5 期。

元　哥哥洞窑青瓷花口洗　口径 12 厘米
台北故宫博物院藏

余　论

　　哥哥洞窑与哥窑之谜是古陶瓷研究中扑朔迷离、众说纷纭、莫衷一是的难题。其难点在于：1.哥哥洞窑作为哥窑的源头，尚未得到人们的普遍认知；2.明早期的哥窑窑址尚未发现，它是元末哥哥洞窑与明景德镇仿哥窑场之间的缺环；3.传世的"哥窑"瓷器的年代，以往被主观地定为宋或南宋，由此形成的先入为主的观念，对重新认识哥窑的历史造成了干扰；4.清宫遗存的一些被定为"南宋官窑"的黑胎乳浊釉青瓷，与哥哥洞窑窑址出土的部分瓷器的造型相同，例如用支钉支烧的花口洗[1]，这意味着有些元代的"绝类古官窑"的哥哥洞窑制品被后人当作了南宋官窑瓷器；5.明早期的哥窑瓷器与明清的仿哥瓷器，良莠不齐、鱼龙混杂，仅用传统的鉴定方法难辨真伪。此外，各地元以后的墓葬、窖藏出土的施月白色乳浊釉、具有大小片纹的瓷器，通常被笼统地归为"哥窑"产品，这是值得商榷的。人们将河南、山西、河北等地金元时期烧制的窑变釉瓷器统称为"钧瓷"、"元钧"等，其实，这是错误的，因为"钧"特指钧州（今河南禹州）元代烧制宫廷用瓷的窑场，其他窑口的同类产品，只能称作"仿

---

[1]　哥哥洞窑窑址出土的一件青瓷花口洗，是用支钉支烧的，外底留有支烧痕，清宫遗存的黑胎乳浊釉青瓷花口洗，造型及支烧方法几乎与之完全相同，而其年代则被定为"宋"或"南宋"，看来是有问题的。此外，各地收藏的黑胎乳浊釉青瓷花口洗，年代也都被定为"宋"或"南宋"。然而，在内窑、续窑、乌泥窑、郊坛下官窑等南宋官窑窑址出土的青瓷残片中，均不见这类器物，所以，花口洗这种器形出现的时间是否会早于元代，还有待探索。目前可以肯定的是，花口洗是元代哥哥洞窑的特色品种之一，元以后，哥窑、景德镇窑仿哥产品中常见这种造型。

钧"或"钧釉"瓷器。同样，唯有哥窑窑场出产的瓷器，才是名副其实的哥窑瓷器，别处烧制的类似器物，只能称为"仿哥"或"哥釉"瓷器，前者在胎釉、片纹、造型、焙烧工艺等方面仿照哥窑瓷器，后者仅在釉色和片纹上与哥窑瓷器相似。有些施月白色乳浊釉的瓷器，既非哥窑瓷器的样式，亦无哥窑瓷器的胎色、片纹等典型特征，故它们只能算作不含哥窑瓷器基本元素的另类。在没有发现哥窑窑址以前，即便是现在认为的明早期的哥窑瓷器，其窑口归属也是暂定的，它们还有待于用哥窑窑址遗存的瓷器残片作比对，并借助科技手段对哥窑窑址出土的瓷片与哥窑瓷器胎中的微量元素进行测定比较，而后方能从传世和出土的所谓"哥窑"瓷器中鉴别出真正的哥窑瓷器。当然，要发现哥窑这样的历史短暂、废弃物较少的窑址，是非常困难的。而对清宫旧藏的和出土的"哥窑"瓷器作精确的热释光等断代以及微量元素测定，然后把其中年代较早而微量元素相同的归为一类，这不失为在未发现窑址前将研究推向深入的有效方法。

显而易见，要彻底解决哥哥洞窑与哥窑的问题，是不可能一蹴而就的。然而，元明文献中的有关纪实性的内容、哥哥洞窑窑址的实物、明初墓葬出土的哥窑瓷器，以及清宫遗存的明代哥窑和仿哥瓷器，至少已为认清哥窑的由来、梳理哥窑与仿哥的历史，提供了胜于雄辩的客观依据。可以预见，随着考古工作的深入、科学测定技术的运用，哥哥洞窑与哥窑的谜底终将被完全揭开。

龙泉"哥窑"辨伪

龙泉窑各类问题中最令人困惑的就是所谓的"哥窑"。由于明清文献记载的龙泉"哥窑"与海内外收藏的"哥窑"瓷器特征并不相符,且文献记载的哥窑地点又多与龙泉相联系,因而在学术界形成了所谓的"传世哥窑"与龙泉"哥窑"等称法[1]。近年来,随着龙泉黑胎青瓷窑址的调查和发掘,龙泉"哥窑"再度成为人们议论的话题。

以往的几种观点

关于龙泉"哥窑"是否存在的问题,学术界的争论一直不断,主要有以下两种观点:

1. 哥窑在龙泉,龙泉黑胎青瓷即为哥窑产品。持此类观点者多赞同明清文献记载的哥窑为宋代名窑,并根据明清文献中

---

[1] 一般将海内外收藏的那类施乳浊厚釉、釉色呈月白、米黄色的瓷器称为"传世哥窑"瓷器,这类传世器物属于不同窑口、不同年代的产品,内涵较复杂。

哥窑多与龙泉相联系，认为哥窑就在龙泉。20 世纪 60 年代，在龙泉大窑、溪口等地发现了宋代的黑胎青瓷，调查人员便认为龙泉黑胎青瓷当是哥窑产品[1]，虽然后来其认识发生了改变[2]，但这一观点仍被一些研究者认同[3]。亦有人曾通过理化测试，认为龙泉黑胎青瓷可能就是正统的哥窑[4]。2011 年龙泉小梅瓦窑路窑址出土了一批釉面有开片的黑胎厚釉青瓷，龙泉"哥窑"的问题再度成为人们争论的焦点，部分研究者将之确定为符合文献记载的"宋代哥窑"[5]。

2. 龙泉无哥窑。持此观点者认为宋代龙泉哥窑的说法，是明代人根据前人的传闻演绎出来的，宋代并无哥窑，哥窑的上限年代不是宋而是元，并指出文献中所描述的哥窑"浅白、断纹"等特点，与龙泉黑胎青瓷的特点不符，龙泉黑胎青瓷不是哥窑产品，自然也不能把生产黑胎青瓷的窑定为哥窑[6]。后来，有学者对此问题进行了更为详细、深入的研究和论证，认为龙泉"哥窑"最初只是某些人编造的故事，后来演变成为南宋龙泉窑业动

[1]　朱伯谦、王士伦：《浙江省龙泉青瓷窑址调查发掘的主要收获》，《文物》1963 年第 1 期。

[2]　朱伯谦：《龙泉青瓷简史》，《龙泉青瓷研究》，文物出版社 1989 年版。

[3]　李辉柄：《关于"哥窑"问题的探讨》，《故宫博物院院刊》1981 年第 3 期。

[4]　周仁、张福康：《关于传世"宋哥窑"烧造地点的初步研究》，《文物》1964 年第 6 期。

[5]　徐军、郑建明：《浙江：龙泉窑最新研究成果的展示》，《中国文物报》2011 年 12 月 9 日第 7 版。沈岳明、郑建明：《哥窑的新发现》，文物出版社 2018 年版。

[6]　冯先铭：《"哥窑"问题质疑》，《故宫博物院院刊》1981 年第 3 期。朱伯谦：《龙泉青瓷简史》，《龙泉青瓷研究》，文物出版社 1989 年版。

人的传说，龙泉"哥窑"之名当为明代"古董行"附会而成[1]。

两类文献的记载

在哥窑窑址尚未发现的情况下，研究哥窑离不开查阅文献资料。古籍文献所记内容可分两类：一类为纪实性的，这类内容既是被证实的对象，也是证实所记事物的依据，又常与考古资料相互印证，其重要价值毋庸赘言。一类则为传说性的，这类内容在某种程度上具有一定的文学价值，但因脱离客观史实，故没有什么考古学的价值，因而也就没有实证的意义。

根据现有可查到的资料，最早提到哥哥洞窑、哥哥窑的是元代孔齐的《静斋至正直记》，该书记载："乙未冬在杭州时，市哥哥洞窑器者一香鼎，质细虽新，其色莹润如旧造，识者犹疑之。会荆溪王德翁亦云，近日哥哥窑绝类古官窑，不可不细辨也。今在庆元见一寻常青器菜盆，质虽粗，其色亦如旧窑，不过街市所货下等低物，使其质更加以细腻，兼以岁久，则乱真矣。予然后知定器、官窑之不足为珍玩也。所可珍者，真是美玉为然。记此为后人玩物之戒。至正癸卯冬记。"[2]"哥哥洞"是小地名，即该窑场的所在地，然此书在传抄过程中因脱漏"洞"字而使以小地名得名"哥哥洞窑"变成了"哥哥窑"，使后人不知其所在了。但可以确定的是，哥哥洞窑在元末还在生产。

---

[1] 李刚：《龙泉窑纵笔》，《东方博物》第 10 辑，浙江大学出版社 2004 年版。李刚：《内窑、续窑和哥哥洞窑辨析》，《东方博物》第 23 辑，浙江大学出版社 2007 年版。李刚：《内窑、续窑和哥哥洞窑续论》，《东方博物》第 34 辑，浙江大学出版社 2010 年版。李刚：《龙泉窑源流说》，《东方博物》第 62 辑，中国书店 2017 年版。

[2] 〔元〕孔齐：《静斋至正直记》卷之四《窑器不足珍》。《粤雅堂丛书》本。

　　原本误写的 "哥哥窑"，在成书于明洪武二十一年（1388）的曹昭的《格古要论》中被简称为 "哥窑"，该书云："哥窑，旧哥窑，色青，浓淡不一，亦有铁足紫口，色好者类董窑，今亦少有。成群队者，元末新烧者，土脉粗燥，色亦不好。"[1] 此书是中国现存最早的门类完备、内容翔实的考证文物的专著，这里明确指出，哥窑有新旧之分，旧哥窑瓷器是对元早中期 "绝类古官窑" 产品的描述，这类产品在明初已很少了，元末成批烧制的乳浊釉瓷器，即为哥窑瓷器的先声。同书的 "古龙泉窑" 条中则只字未提 "哥窑"，这表明哥窑与龙泉窑风马牛不相及。

　　明弘治七年（1494）成书的《菽园杂记》转载的《龙泉县志》详细记载了龙泉制瓷业，该志云："青瓷初出于刘田，去县六十里。次则有金村窑，与刘田相去五里余。外则白雁、梧桐、安仁、安福、绿绕等处皆有之。然泥油精细，模范端巧，俱不若刘田。泥则取于窑之近地，其他处皆不及。油则取诸山中，蓄木叶烧炼成灰，并白石末澄取细者，合而为油。大率取泥贵细，合油贵精。匠作先以钧运成器，或模范成形，候泥干，则蘸油涂饰，用泥筒盛之，置诸窑内，端正排定，以柴筱日夜烧变，候火色红，焰无烟，即以泥封闭火门，火气绝而后启。凡绿豆色莹净无瑕者为上，生菜色者次之。然上等价高，皆转货他处，县官未尝见也。"[2] 书中并未说明这段记载是来自哪部《龙泉县志》，据乾隆二十七年（1726）《龙泉县志》卷首《例言》，明弘治前只有南宋嘉定二年（1209）刊行的《龙泉志》，后有学者指出，明前期，至迟在英宗

《菽园杂记》书影
（《守山阁丛书》本）

[1]　〔明〕曹昭：《格古要论》卷之下《古窑器论・哥窑》。《夷门广牍》本。

[2]　〔明〕陆容：《菽园杂记》卷十四。《守山阁丛书》本。

正统六年（1441）前还有一部《龙泉县志》[1]，惜此二部县志皆佚。大多数人认为，《菽园杂记》转载的《龙泉县志》是明代编纂的，理由是：宋代的志书大多不加"州"、"县"等代表行政区划的字样，明代永乐十六年（1418）颁布了《纂修志书凡例》后，府、县的志书之名大多称作"府志"、"县志"，故陆容所引的当为明代的《龙泉县志》，反映的内容亦为明代龙泉窑的生产状况。

实际上，以行政区划——州、郡、府、县来名志，是早有先例的，如南朝宋郑缉之的《永嘉郡记》。唐人李吉甫的《元和郡县图志》，原书是带图的，相当于《元和郡县志》。而南宋的《吴郡志》并没有省称为《吴志》。明永乐十六年（1418）以后的县志名称也不尽统一，多有省略"县"字而简称为"志"的，亦有省略府、州字的志书。例如：明弘治十七年（1504）《上海志》省略了"县"字；明正德九年（1514）《宜城志》也省略了"县"字，之后的嘉靖以及清代的皆为《宜城县志》；明嘉靖十年（1531）《沔阳志》省略了"州"字；明嘉靖十八年（1539）《临海志》、明嘉靖二十九年（1550）《皇明天长志》、明嘉靖三十八年（1559）《武平志》、嘉靖《临颍志》、嘉靖《阳山志》都省略了"县"字；明嘉靖十五年（1536）《顺德志》省略了"府"字，而之前的弘治与之后的万历以及清代的皆为《顺德府志》；嘉靖末年《归德志》亦省略了"府"字[2]；明万历三十七年（1609）、明天启四年（1624）、清顺治四年（1647）《歙志》都省略了"县"字，康熙、乾隆、道光年间的则为《歙县志》；明万历四十二年（1614）《滁阳志》

---

[1]　王菱菱：《对南宋〈龙泉志〉及其作者的重新解读——兼论南宋〈青田志〉〈缙云志〉的编纂》，《宋史研究论丛》2016年第2期。

[2]　据考证，嘉靖《归德志》至少有两部，一是刊于嘉靖二十四年（1545）的《归德州志》，一是刊于嘉靖四十五年（1566）的《归德府志》。参阅王兴亚：《嘉靖〈归德州志〉考述》，《史学月刊》1996年第1期。

省略了"州"字；万历《武涉志》省略了"县"字；明天启二年（1622）《乐亭志》亦省略了"县"字；乾隆、道光《乍浦志》与同治《菱湖志》则都省略了"镇"字；嘉庆《丽水志》、光绪《固安志》都省略了"县"字[1]，等等。由此可见，志书名称是否有"县"字，不能作为判断其年代早晚的唯一标准。

其实，最关键的不是志书的名称，而是其中的内容，因为后人编书时整段或整篇转载前代甚至远古书籍内容是很常见的。例如：清末光绪《余姚县志》转载了明嘉靖《余姚县志》的记载[2]，嘉靖《安溪县志》卷一和康熙《安溪县志》卷四都引录了宋代县志的内容[3]，有的清代、民国方志转载了南宋及更早的事情，颇具说服力的例子是，南宋人叶寘撰写的《垣斋笔衡》和顾文荐所著的《负暄杂录》，早已亡佚，二书有关宋代官窑的记载分别被收入元末至正二十六年（1366）成书的《辍耕录》和明初编成的《说郛》，难道二书的年代会因此变成元末和明初吗？众人编写的志书内容在被后世修志者摘抄、转载时，通常不会留下原志书的成书时间、编纂者等信息，因而要辨明原文的写作时间，只得从其内容本身加以考证。虽然无法确定明代《菽园杂记》转载的《龙泉县志》的编纂年代早至何时，但其中记述的青瓷、五金、铅粉等为宋代之事则是确凿无疑的。"五金之矿"条记述的"烧爆法得矿"、"淘洗选矿"、"灰吹提银"等一系列银矿开采冶炼技术与南宋人洪咨夔所著的《大冶赋》中对于冶银生产过程的描述是一致的，也与南宋人赵彦卫在开禧二年（1206）写就

[1] 中国科学院北京天文台主编：《中国地方志联合目录》，中华书局1985年版。

[2] 光绪《余姚县志》卷六《物产》。

[3] 段宏义：《宋朝方志考》第328页，上海古籍出版社2010年版。

的《云麓漫钞》中讲述的建宁府松溪县瑞应银场的采银状况相符，尤其是"灰吹法"在北宋嘉祐六年（1061）苏颂编成的《本草图经》"密陀僧"条中就有了详细记载，操作步骤正与《龙泉县志》的记载相互印证[1]，故这条内容反映的是南宋时期龙泉地区的采银冶炼工艺。据研究，"采铜条"的记述也是真实地反映了南宋时期处州地区铜矿业生产的技术水平[2]。经过对比研究，《龙泉县志》中所记载的"韶粉"的制作工艺与明人宋应星的《天工开物》中有关铅粉的制作工艺明显不同，而成书于明万历十八年（1590）的李时珍的《本草纲目》中所记载的有关"铅粉"的制作工艺流程与方法则与成书于明崇祯十年（1637）的《天工开物》中的记述几乎一样，说明在明代，中国铅粉的制作工艺或方法在各地基本上是一致的[3]。从而也表明，《菽园杂记》所引《龙泉县志》中记述的"韶粉"内容并非是明代的，却是与五金之矿的内容一样同属宋代。而"青瓷"条内容中"初出于刘田"，是讲龙泉窑兴起时期的状况，即北宋晚期至南宋早期。故综合来看，陆容所引《龙泉县志》的 5 条内容中至少有 4 条所反映的都是宋代的生产状况[4]。

至于"青瓷"条中位列第二的"金村窑"，从考古调查结果来看，20 世纪 60 年代考古工作者通过对金村窑的调查发掘，将

[1] 王菱菱：《宋代金银的开采冶炼技术》，《自然科学史研究》2004 年第 4 期。

[2] 王菱菱：《对南宋〈龙泉志〉及其作者的重新解读——兼论南宋〈青田志〉〈缙云志〉的编纂》，《宋史研究论丛》2016 年第 2 期。

[3] 谢乾丰：《中国古代铅粉的制作工艺研究》，《广西轻工业》2007 年第 4 期。

[4] 另外一条关于"香蕈"的记载，也多有人认为其记述的是南宋龙泉菇业状况，但他们的研究前提是认为该《龙泉县志》为南宋人所写，故此条内容的时代暂不作据。

金村窑分为五个时期，分别为北宋早期、北宋晚期、南宋早中期、南宋晚期至元代早期、元代中后期至明代，以宋代为主，元代次之。其中发掘了两座龙窑，发现三个上下叠压的层位，北宋晚期地层出土的碗、盘大都双面刻划花，外壁饰折扇纹、内壁饰花草纹和篦点纹；南宋早中期地层出土的器物以单面刻划花为主，荷叶、荷花、出筋及"河滨遗范"、"金玉满堂"的印文多见；南宋晚期至元代早期地层出土的器物则以素面厚釉为主要特征。这三个时期的器物在造型、纹饰方面都与大窑同时期的器物具有共同的特征[1]。至于金村窑元代中后期至明代时期，在窑址的调查中采集到了属于元代中后期的标本，"未见明代以后的青瓷产品，明代制品有，但似乎也不太多"[2]，而且也未找到典型地层或典型窑址，说明金村窑至明代已衰落。2013—2014年文物考古部门对金村窑进行了全面系统的调查与试掘，在分期上将原先的五期细化成北宋四期、南宋三期、元明两期的发展序列，建立起金村地区古代窑业更清晰的发展脉络，同时揭示了金村地区有别于大窑地区的独特窑业面貌[3]。新的考古资料表明金村窑的兴盛时期依然是宋代，尤其是北宋晚期至南宋时期的器物，做工比较精致，部分优质青瓷可与大窑产品比拟，与《龙泉县志》中"次则有金村窑"的叙述相符。而元代晚期至明代，没有确定相应的地层，仅采集到少量的标本，且器物质量明显下降，尤其是明代的器物，器型较为单一，装饰较少

[1] 张翔：《龙泉金村古瓷窑址调查发掘报告》，《龙泉青瓷研究》第88页，文物出版社1989年版。

[2] 张翔：《龙泉金村古瓷窑址调查发掘报告》，《龙泉青瓷研究》第90页，文物出版社1989年版。

[3] 浙江省文物考古研究所、龙泉青瓷博物馆：《龙泉金村窑址群：2013—2014年调查试掘报告》第6页，文物出版社2019年版。

而简单粗率，胎质较粗，釉层较薄，质感较差[1]，与大窑窑场明代的宫廷用瓷相比简直是判若天渊。金村窑尚且如此，就更不必说龙泉东区那些明代烧粗瓷的窑场了，并且《龙泉县志》列举的龙泉东区的五个地方中，安仁没有明代窑场，其他四处虽有明代窑场，但数量少、规模小，产品质量远不及从前，显现出了窑业的颓势。毫无疑问，《龙泉县志》中"青瓷"条内容所说的绝不是明代，而恰恰是反映了北宋晚期至南宋早期龙泉窑"初出于刘田"的生产状况。

南宋晚期成书的《坦斋笔衡》和《负暄杂录》的记载表明，"龙泉县窑"形成于北宋晚期，它是继越窑衰落而兴起的。而《龙泉县志》的这段文字所记载的分明就是青瓷"初出"于"刘田"后不久的制瓷业情况，即南宋中期以前的龙泉窑业状况，这时，北宋晚期"质颇粗厚"的情形在中心产地大窑已较少见，产品有不少为"莹净无瑕"的乳浊釉青瓷，这与出土资料是吻合的[2]。而这段文字的内容具有整体性，没有分期式地记录不同时代的窑业，显然，此志为南宋嘉定的版本，至少这段文字是南宋人所写。其中，"刘田"、"泥筒"等皆为后世不再使用的古老名称。有人根据今人亦称匣钵为"筒"，就把记有"泥筒"的《龙

---

[1] 浙江省文物考古研究所、龙泉青瓷博物馆：《龙泉金村窑址群：2013—2014年调查试掘报告》第10页，文物出版社2019年版。

[2] 南宋早期龙泉窑就掌握了乳浊釉的焙烧技术，在大窑的绍兴十三年（1143）的地层中，发现了乳浊厚釉产品。浙江新昌南宋绍兴二十九年（1159）墓出土了绿豆色的乳浊釉青瓷碗，浙江松阳庆元元年（1195）程大雅墓出土了6件釉色莹润的龙泉窑青瓷梅瓶。江西樟树开禧元年（1205）墓出土的龙泉窑青瓷长颈瓶，浙江庆元胡纮夫妇合葬墓（1205）出土的一批龙泉窑厚釉青瓷，釉面皆莹净无瑕，这表明南宋中期龙泉窑青瓷的烧制技术已很娴熟，其釉色正是开禧二年（1206）成书的《云麓漫钞》所称的"粉青"。

南宋　龙泉窑青瓷碗　口径 12.8 厘米
新昌博物馆藏（浙江新昌绍兴二十九年墓出土）

南宋　龙泉窑青瓷瓶　高 13.3 厘米
樟树市博物馆藏（江西樟树开禧元年墓出土）

南宋　龙泉窑青瓷研钵　口径 12.2 厘米
江西省博物馆藏（江西吉水淳熙二年墓出土）

南宋　龙泉窑青瓷花口盘
口径 17.3 厘米
浙江省文物考古研究所藏
（浙江庆元南宋胡纮妻墓出土）

南宋　龙泉窑青瓷带盖梅瓶
通高 20 厘米
浙江省文物考古研究所藏
（浙江庆元南宋胡纮墓出土）

南宋　龙泉窑青瓷凤耳瓶　高 26.7 厘米
松阳县博物馆藏（浙江松阳出土）

元　龙泉窑青瓷葫芦瓶　高 30 厘米
青田县文物管理委员会藏

明　龙泉窑青瓷注子　高 16.6 厘米
日内瓦鲍氏东方艺术馆藏

南宋　龙泉窑青瓷梅瓶　通高 28 厘米
松阳县博物馆藏（浙江松阳出土）

元　龙泉窑青瓷镂孔瓶　高 18.8 厘米
（韩国新安海域元代沉船出水）

明早期　龙泉窑青瓷女童像　高6.2厘米
（龙泉大窑枫洞岩窑址出土）

明洪武　龙泉窑青瓷碗（修复件）　口径38.6厘米
（龙泉大窑枫洞岩窑址出土）

泉县志》的年代按自己"立论"所需而随意定为"明初",这既无文献记载作支撑,又完全不符合逻辑。众所周知,古代无数的名称等大都延用至今,如天、地、禽、兽、宅、院、衣、冠……多得不胜枚举,这是很正常的,是常识,反倒是许多死亡的名称,却成了年代的刻度,譬如:现今所称的"大窑",明代叫作"琉田";明代所称的"琉田",古昔叫作"刘田";清代所称的"梅子青",南宋叫作"绿豆色"。

北宋晚期,青瓷在龙泉刘田(明称"琉田",即今大窑)"初出"时,所烧的皆为透明釉粗瓷,故无"上等价高"可言,只是到了南宋,才出现了"价高"的乳浊釉青瓷。"绿豆色"是指青绿色的乳浊釉的颜色,它与清代所谓的"梅子青"相同,而南宋中期以前龙泉窑乳浊釉青瓷的釉色大多如此,这也是此志中这段文字出自南宋人之手的一个明证。需要特别指出的是,此志没有"翠青"一名,而这恰好是明早期龙泉窑上等产品的釉色,明初曹昭的《格古要论》中提到龙泉窑时说"翠青色者贵,粉青色者低"。显然,将此志说成是明初的版本,是毫无根据的。

"县官未尝见"的"上等"青瓷,指的是开窑时拣选出来的贡入宫廷的御用青瓷,而不是"供御拣退"的商品瓷,因为作为朝廷命官的龙泉"县官"不可能连见商品瓷的资格都没有。所以,把"县官未尝见"的宫廷用瓷与外贸瓷混为一谈是荒诞不经的。况且,"供御拣退,方许出卖",是州府一级的官窑处理上等品的惯例,至迟从唐代开始就已如此。印度尼西亚海域"黑石号"沉船遗存的唐代巩县窑的"进奉"款、"盈"款器物便是例证。此后,定窑的"官"款白瓷不仅输入朝鲜半岛,还远销非洲等地。南宋至元代,龙泉官窑的上等青瓷更是大量销

元　铭有"使司帅府公用"六字的龙泉窑青瓷盘
口径 15.9 厘米
韩国国立光州博物馆藏（韩国新安海域元代沉船出水）

唐　巩县窑"进奉"款白釉绿彩盘
口径 23.5 厘米
（印度尼西亚海域"黑石号"沉船出水）

元　铭有"使司帅府公用"六字的
龙泉窑青瓷盘　口径 15.8 厘米
（韩国新安海域元代沉船出水）

往世界各地，韩国新安海域沉船[1]、日本镰仓和埃及福斯塔特等地遗存的宋元龙泉窑上等青瓷都足以为证。

　　海外各地遗存的为数甚多的明代龙泉窑青瓷，以民用瓷为主，亦有少量做工精致的上品，它们多是当年通过民间贸易的途径输出的。考古人员也认为"元代到明初时期，东非的中国瓷器贸易是一种广泛而大量的输入，很难证明当时没有直接的贸易"[2]。虽然明初实行海禁政策,将官方对外贸易作为唯一的合法途径，但民间海外贸易依然是存在的。明初的海禁政策施行之初是为了稳定国内的统治，明太祖即位之初，方国珍等残余势力亡命海外，为防止沿海居民与残余势力的勾结，洪武四年（1371）宣布"仍禁滨海民不得私出海，时国珍余党多入海剽掠故也"[3]。之后，海禁才成为对外政策。洪武十四年（1381）"禁濒海民私通海外诸国"[4]。洪武二十三年（1390），因两广、浙江、福建军民"往往交通外番，私易货物"，又诏令户部"申严交通外番之禁"[5]。至洪武二十七年（1394），"缘海之人往往私下诸番，贸易香货……命礼部严禁绝之"[6]。洪武三十年（1397），"申禁人民，无得擅出海与外国互市"[7]。永乐元年（1403），"缘海军民人等，近年以来往往私自下番，交通外国，今后不许，所司一遵

[1]　韩国新安海域元代沉船出水的瓷器总数为 20681 件，其中龙泉窑青瓷约占一半，有很多为上等品，有的铭有"使司帅府公用"字样。

[2]　秦大树：《在肯尼亚出土瓷器中解码中国古代海上贸易》，《光明日报》2018 年 8 月 26 日第 6 版。

[3]　〔清〕谷应泰：《明史纪事本末》卷五十五《沿海倭乱》，中华书局1977 年版。

[4]　《明太祖实录》卷一三九（洪武十四年十月己巳），"史语所"1962 年版。

[5]　《明太祖实录》卷二〇五（洪武二十三年十月乙酉），"史语所"1962 年版。

[6]　《明太祖实录》卷二三一（洪武二十七年正月甲寅），"史语所"1962 年版。

[7]　《明太祖实录》卷二五二（洪武三十年四月乙酉），"史语所"1962 年版。

洪武事例禁治"[1]。永乐二年（1404）、永乐五年（1407）、宣德八年（1433）也多次重申海禁之令[2]。明早期严厉的海禁令的不断重申，反映了海禁政策没有达到理想的效果，不仅不能完全禁止民间的对外贸易，反而因受丰厚利润的驱使，出现了不少"交通外番，私易货物"者。正如时人的感叹："片板不许下海，艨艟巨舰反蔽江而来。寸货不许入番，子女玉帛恒满载而去。"[3]由此可见，包括瓷器在内的民间商品的对外贸易活动从未停止过。正因为如此，所以选剩的顶级瓷器方能通过贸易的渠道辗转流到伊朗阿德比尔清真寺和土耳其托普卡帕皇宫等处[4]。考古资料表明，在东南亚以及东非地区都发现有明代早中期的龙泉窑青瓷[5]，其中琉球各遗迹的出土品显示出明代早期龙泉窑对外输出的兴盛[6]，东非肯尼亚沿海地区的调查结果则显示，明初中国瓷器外销规模并不小，而且是以龙泉窑青瓷为主[7]。明初龙泉窑瓷器的外销完全延续了元代的规模与势头。《处州府志》载："韩时中，洪武末同知，廉洁公平。督运海舟青器，措置得宜，民

---

[1] 《明太宗实录》卷十（洪武三十五年七月壬午），"史语所"1962年版。

[2] 《明太宗实录》卷二十七（永乐二年正月辛酉），卷六十八（永乐五年六月癸未），《明宣宗实录》卷一〇三（宣德八年七月乙未），"史语所"1962年版。

[3] 〔明〕谢杰：《虔台倭纂》上卷《倭原二》。《玄览堂丛书续集》本。

[4] 《伊斯坦布尔的中国宝藏》（欧凯译），土耳其共和国外交部2001年版。

[5] 项坤鹏：《浅析东南亚地区出土（水）的龙泉青瓷》，《东南文化》2012年第2期。刘岩、秦大树、齐里亚马·赫曼：《肯尼亚滨海省格迪古城遗址出土中国瓷器》，《文物》2012年第11期。丁雨、秦大树：《肯尼亚乌瓜纳遗址出土的中国瓷器》，《考古与文物》2016年第6期。

[6] 陈洁：《明代早中期瓷器外销相关问题研究——以琉球与东南亚地区为中心》，《上海博物馆集刊》第12期，上海书画出版社2012年版。

[7] 刘岩、秦大树、齐里亚马·赫曼：《肯尼亚滨海省格迪古城遗址出土中国瓷器》，《文物》2012年第11期。

心悦服。"[1] "同知"是知府的副职，这表明，明初龙泉窑青瓷从海路输出，也是由处州府监督的。

很显然，明代早期龙泉窑上等青瓷的外贸，只是前代州府一级的官窑产品销售模式的延续罢了，不是什么新鲜事物，并且它已是这种销售模式的尾声了。土耳其托普卡帕皇宫博物馆所藏的龙泉窑青瓷，是从天灾人祸中幸存下来的，总数只有1350件，其中，明代青瓷仅为一小部分，若与宋元时期数以百万甚至千万计的龙泉窑外销青瓷相比，如同九牛一毛。

毋庸置疑，《龙泉县志》这段记载说的是南宋大窑的烧瓷情况和 "上等" 产品的去向。把《菽园杂记》转引的《龙泉县志》的内容臆定为 "明初"，本来就是一种错误，而用这一主观想象的 "证据"，对 "县官未尝见" 和 "转货他处" 的问题进行循环论证，不仅背离客观实际，而且违反逻辑。

陆容所转载的《龙泉县志》如此详细地叙述了南宋龙泉窑的分布地点、原料出处、制作工艺、装烧方法、产品釉色等，却连 "哥窑" 的影子都没有，这清楚地表明当时绝无 "哥窑"。

明中期以后，有的文人在谈论龙泉窑时，常与 "哥窑" 相联系。明人陆深，为弘治十八年（1505）进士，嘉靖十六年（1537）任太常寺卿兼侍读学士，卒于嘉靖二十三年（1544），他在《春雨堂随笔》中说："哥窑浅白，断纹号百圾碎。宋时有章生一、生二兄弟，皆处州人，主龙泉之琉田窑。生二所陶青器，纯粹如美玉，为世所贵，即官窑之类。生一所陶者色淡，故名哥窑。"[2] 嘉靖

[1] 〔清〕曹抡彬等修，朱肇济等纂：《处州府志》卷九《宦绩志》。雍正十一年（1733）刊本。

[2] 〔明〕陆深：《春雨堂随笔》。《今献汇言》本。《宝颜堂秘笈》本书名作《春风堂随笔》。

四十年（1561）编成的《浙江通志》则谓："龙泉……县南七十里曰琉华山……山下即琉田，居民多以陶为业。相传旧有章生一、章生二兄弟二人，未详何时人，主琉田窑造青器，粹美冠绝当世。兄曰哥窑，弟曰生二窑。"[1] 嘉靖四十五年（1566）刊行的《七修类稿续稿》对"哥窑"叙述道："哥窑与龙泉窑，皆出处州龙泉县。南宋时，有章生一、生二弟兄，各主一窑。生一所陶者为哥窑，以兄故也。生二所陶者为龙泉，以地名也。"[2] 由章氏兄弟为"宋时"人，到"未详何时人"，再到确定为"南宋时"人；哥窑定名由"色淡"到"以兄故也"；由"主琉田窑"到"各主一窑"……这三部在嘉靖年间编撰成的书籍对龙泉"哥窑"描述的差异，反映出这些文字没有纪实性，却有明显的虚构和杜撰的成分。此后明清文献中关于哥窑的叙述，大都摘引前人的文辞，不能脱出《春雨堂随笔》以来"哥窑"的内容，在民国时期徐渊若的《哥窑和弟窑》一书中，还出现了"妹窑"[3]，由此可见，龙泉"哥窑"具有明显的编造性和戏说性。

窑址考古资料

龙泉窑场大致分为南区和东区，南区主要包括大窑、金村和溪口等窑场，代表了龙泉窑的最高制瓷水平。小梅镇的大窑，位于龙泉市南的琉华山下，是古代龙泉窑业的中心。20世纪50年代末文物部门对大窑范围内的窑址进行了调查，发现了北宋至

[1] 《浙江通志》卷八《地里志·处州》。嘉靖四十年（1561）刊本。
[2] 〔明〕郎瑛：《七修类稿续稿》卷六《事物类·二窑》。耕烟草堂刊本。
[3] 徐渊若：《哥窑与弟窑》第2页，西泠印社出版社2014年版。

明代的窑址 53 处 [1]，密集分布在从高际头、大窑到垟岙头村沿溪五公里的山坡上。其中南宋时期的窑址数量最多，几乎每一个山坡都有南宋窑址。1960 年对大窑窑址进行了初步发掘，清理 7 座龙窑，发现了工房、砖池等遗迹以及大量的青瓷器、窑具等标本，包括少量的黑胎青瓷标本。属于南宋早期的窑场，窑具和装烧方法有了改进，生产质量和数量都得到提高，出土的青瓷品种和造型多数是新出现的，如兽足香鼎、葱管足香鼎、弦纹樽式香炉、长颈瓶等，青釉柔和滋润，在以后的龙泉窑中继续生产 [2]。窑址的调查和发掘资料表明，从北宋晚期至南宋，龙泉窑业的生产有了较大的发展，生产范围从大窑、金村扩展到龙泉东区的安福、安仁口、山头窑、大白岸等地 [3]，产品数量和种类都大量增加。

调查资料显示，大窑瓷业的生产贯穿了龙泉窑业的整个过程。大窑在宋元至明初一直是龙泉窑青瓷的中心窑区，窑址分布很密

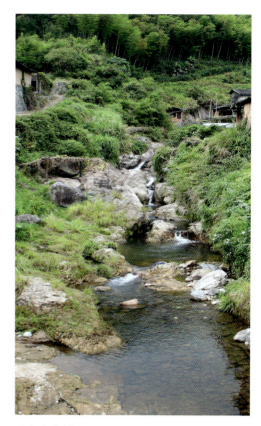

龙泉大窑溪

[1]　目前已发现 60 余处。参阅《河滨遗范》第 35 页，浙江古籍出版社 2011 年版。

[2]　朱伯谦、王士伦：《浙江省龙泉青瓷窑址调查发掘的主要收获》，《文物》1963 年第 1 期。朱伯谦：《龙泉大窑古瓷窑遗址发掘报告》，《龙泉青瓷研究》，文物出版社 1989 年版。

[3]　浙江省文物考古研究所：《龙泉东区窑址发掘报告》，文物出版社 2005 年版。

龙泉琉华山

龙泉大窑窑址远景

集，位于大窑村北 1.5 公里的枫洞岩窑址即为
其中之一。2006 年 9 月至 2007 年 1 月，文物
部门对其进行了发掘，发掘面积 1700 余平方
米，揭露出龙窑、素烧炉、作坊、住房、储泥
池、道路、排水沟、石墙等遗迹，出土了 50
余吨的青瓷片，包括南宋晚期至明中期的民窑
产品和明代的官用瓷器[1]。南宋晚期至元代早期
的青瓷产品，形制规整，胎体较薄，胎质洁白
细腻，釉层较厚，釉色以粉青为主色调。元代
多数器物形体较大，胎体厚重，胎质相对粗糙，
釉层较薄，釉色以浅青、梅子青为主色调。明
代早期的青瓷胎体厚重，釉层较厚，釉色以青
绿、深绿为主色调。明中期器物胎体如前，釉
层有厚有薄，釉层厚者相对较精，釉层薄者居
多，釉色以青绿为主色调。

龙泉大窑枫洞岩龙窑遗迹

考古调查结果和窑址发掘资料证明，龙泉
大窑确实是龙泉窑的中心产地和优秀制瓷技术
传播的源泉。龙泉大窑既没有专烧开片瓷器的
窑场，也从未制作过类似哥窑的那种施月白釉
的瓷器，产品釉色始终以青色为基调。

[1] 浙江省文物考古研究所、北京大学考古文博学院、
    龙泉青瓷博物馆：《龙泉大窑枫洞岩窑址出土瓷
    器》，文物出版社 2009 年版。浙江省文物考古研
    究所、北京大学考古文博学院、龙泉青瓷博物馆：
    《龙泉大窑枫洞岩窑址》，文物出版社 2015 年版。

哥窑研究的基石

　　古代统治者对青色的崇尚是有审美传统的，最初崇尚的是碧玉。商周时期，玉器主要为统治者掌握，是他们祭祀祖先和各类神祇的工具，同时也是他们特殊权利和地位的象征。在商都殷墟遗址，尤其以妇好墓为代表，一座墓中就出土了700多件玉器，这些玉器除了钙化成白色的外，以绿色为最多，有淡绿、浅绿、深绿、墨绿、黄绿等颜色[1]。江西新干大洋洲商代墓葬出土玉器754件，玉色以绿色为主，其次为灰色、米黄色、牙白色和白色[2]。西周玉器承袭商代玉器而来，考古资料表明，西周玉器出土范围远远超过商代，西周王畿地区出土的玉器以张家坡西周墓地为代表，所出玉器数量多，质量精，玉色以绿色为主，有碧绿、灰绿、墨绿、青绿、褐绿、浅绿、黄绿、豆青、青白、青灰等色[3]，玉器的造型、纹饰、种类以及使用等方面都对当时其他诸侯国玉器有极大影响。一些诸侯国的墓地和遗址也出土了大量玉器，例如：河南三门峡上村岭虢国墓地经过两次发掘，出土的玉器数量颇丰，其中第二次发掘就出土了2000余件，质地优良，主要为青玉，呈青白、青黄、冰青、青灰、豆

[1]　中国社会科学院考古研究所安阳工作队：《安阳殷墟五号墓的发掘》，《考古学报》1977年第2期。

[2]　江西省文物考古研究所、江西省博物馆、新干县博物馆：《新干商代大墓》第141—159页，文物出版社1997年版。

[3]　中国社会科学院考古研究所：《张家坡西周墓地》，文物出版社1999年版。中国社会科学院考古研究所：《张家坡西周玉器》，文物出版社2007年版。

战国　玉璧　外径 19.9 厘米　　　　　　　　　　战国　玉璧　外径 30.9 厘米
浙江省博物馆藏　　　　　　　　　　　　　　　孔子博物馆藏（山东曲阜鲁国故城遗址出土）

青等色[1]；位于陕西宝鸡的弓国墓地出土的丰富的玉器，质地除
了极少的白玉外，大多为青玉，除了受土沁而泛灰白的，有浅绿、
灰绿、青黄、深绿等色[2]。春秋战国时期，玉器的风格发生了变
化，出现了一些新的器型，仍以青玉为主，也有青灰、青白等色。
如山东曲阜鲁国故城遗址出土有碧玉质地的璧和佩饰等[3]。到了
汉代，中国古代葬玉发展到了顶峰，出现了玉衣。目前发现的两
汉玉衣有 40 多套[4]，所有的玉衣皆为碧玉制成，其中最具代表性
的属河北满城中山靖王刘胜及其妻窦绾墓出土的两件金缕玉衣。

[1]　河南省文物考古研究所、三门峡市文物工作队：《三门峡虢国墓》第
　　　一卷（上），文物出版社 1999 年版。

[2]　卢连成、胡智生：《宝鸡弓国墓地》上册，文物出版社 1988 年版。

[3]　杨晓达：《曲阜鲁国故城遗址出土战国玉器初探》，《东方博物》第 70 辑，
　　　中国书店 2019 年版。

[4]　袁胜文：《中国古代玉器》第 140 页，南开大学出版社 2012 年版。

战国　夔龙玉饰　长 12.3 厘米
孔子博物馆藏（山东曲阜鲁国故城遗址出土）

经过魏晋南北朝的低谷后，玉器在唐以后形成世俗化、生活化的特征，而且随着审美的多元化，白玉、水晶、玛瑙等制品也逐渐增多，然碧玉仍然是统治者喜爱的品种。西安东郊曾出土唐代青玉带板，唐大明宫遗址出土了青玉鹰首饰件，杭州三台山五代贵族墓出土有青玉鸳鸯步摇等。

古代统治者对碧玉的崇尚，其实与"古瓷尚青"具有相同的审美属性，即主要取决于人们的自然审美意识。科学研究表明，人眼在明亮处对波长为 555 纳米的绿色光最敏感，在黑暗处则对波长为 507 纳米的青色光最敏感。而历代青瓷釉的分光反射率峰值恰好波动于 450—600 纳米的波长范围之间。由此可知，人们对青瓷的尚好，实际上反映了视觉器官的生理本质需求，也体现了人类对美丽大自然的依恋之情 [1]。当瓷器尚处于原始阶段时，窑匠们就已开始探索烧制青瓷的奥秘，至东汉晚期，以上虞越窑为主体的许多窑口已能大批生产釉色莹润的青瓷器，当时，各窑虽然也生产一些其他釉色的品种，但所占比例很小。

[1]　李刚：《古瓷新探》第 106—107 页，浙江人民出版社 1990 年版。

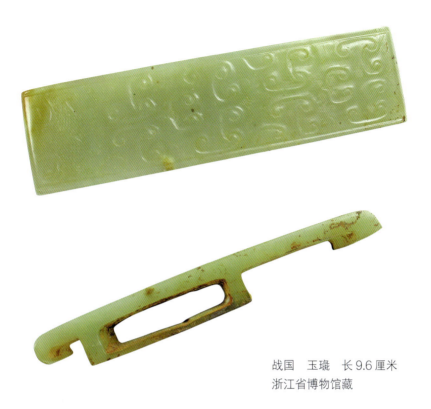

战国　玉璏　长9.6厘米
浙江省博物馆藏

南宋　玉带钩　长12厘米
金华市博物馆藏（浙江金华南宋郑继道墓出土）

发展到唐代，青瓷的审美也在向碧玉转变。唐人陆羽的《茶经》称晚唐越瓷为"类玉"、"类冰"[1]，则是将温润的釉色比喻成碧玉。

其实，真正具有碧玉质感的是北宋汝窑青瓷。当越窑在北宋中期趋于衰落时，朝廷便命汝州烧制青瓷，"故河北、唐、邓、耀州悉有之，汝窑为魁"[2]。此窑位于宝丰清凉寺，它之所以"为魁"，就是因发明了高温黏度较大的石灰碱釉——乳浊的天青釉，从而使汝窑青瓷受到了统治者的青睐。金人赵秉文的《汝瓷酒尊》诗中写道："秘色创尊形，中泓贮醽醁。缩肩潜蝘蜓，蟠腹涨青宁。巧琢晴岚古，圆嵯碧玉荧。银杯犹羽化，风雨慎缄扃。"[3]此诗把汝窑青瓷比喻为碧玉，真实记录了北宋人对汝窑青瓷的审美价值取向。汝窑创新的这种乳浊釉的配制、焙烧技术，对后世乳浊釉青瓷的发展和繁荣，产生了巨大而又持久的影响。北宋政和末年至宣和初年，朝廷在汝州张公巷设立窑场专烧宫廷用瓷，这个窑就是狭义的北宋官窑[4]，所产青瓷以淡绿色为主，釉质莹润，北宋统治者强化了青瓷如碧玉般的审美意识，南宋官窑则将这种审美发展到了登峰造极的程度。

北宋灭亡后，最早为南宋统治者烧制宫廷用瓷的窑场，位于慈溪低岭头、寺龙口一带（宋属余姚），即受越州（后改为绍兴府）监督的余姚官窑。余姚官窑将清凉寺汝窑和张公巷汝窑等北宋青瓷窑口的工艺熔于一炉，烧制的乳浊釉青瓷，釉色有天青、淡天青、青绿等，大部分为素面。南宋定都临安（今杭州）后，专为朝廷烧造"青窑器"的内窑，在杭州万松岭承续了余姚官窑的薪火。

[1]〔唐〕陆羽：《茶经》卷中。《学津讨原》本。

[2]〔宋〕叶寘：《垣斋笔衡》，《辍耕录》卷第二十九《窑器》。《津逮秘书》本。

[3]〔金〕赵秉文：《汝瓷酒尊》，《闲闲老人滏水文集》卷六。《畿辅丛书》本。

[4] 李刚：《宋代官窑的几个问题》，《东方博物》第38辑，浙江大学出版社2011年版。

唐 越窑青瓷净瓶 高21.5厘米

法门寺博物馆藏（陕西扶风法门寺出土）

北宋　汝窑青瓷瓶　高 23.6 厘米
河南省文物考古研究院藏（清凉寺汝窑窑址出土）

北宋　汝窑青瓷樽　高 12.9 厘米
故宫博物院藏

北宋　汝窑青瓷碗　高 7.1 厘米
河南省文物考古研究院藏
（张公巷汝窑窑址出土）

北宋　汝窑青瓷瓶　高 19 厘米
河南省文物考古研究院藏
（张公巷汝窑窑址出土）

北宋　汝窑青瓷带托茶盏　托盘径 17.4 厘米
河南省文物考古研究院藏

北宋　汝窑青瓷碟　长 14.5 厘米
大英博物馆藏

内窑"袭徽宗遗制"，经过技术革新，所烧制的乳浊釉青瓷与以前的乳浊釉青瓷大不相同，不仅造型丰富多样，而且普遍给器物施三四层厚釉，增加了釉面的失透感、乳浊感，"釉色莹澈，为世所珍"，将青瓷的"碧玉"之美发展到了极致。其后相继设立的杭州凤凰山的续窑、龙泉溪口的乌泥窑、杭州乌龟山的郊坛下官窑，都延续了内窑的制瓷技术，各窑产品虽有所不同，但乳浊厚釉、釉面质感类玉，则是它们的共同风貌。

南宋灭亡以后，因世人对这种碧玉般釉色的审美需求，于是产生了"绝类古官窑"的哥哥洞窑。元人孔齐的《静斋至正直记》所记载的"哥哥洞窑"，由于传抄时的脱漏，在同一条记载中再次出现时则被误写成"哥哥窑"。明早期，又被简化成"哥窑"[1]。

---

[1]〔明〕曹昭：《格古要论》卷之下《古窑器论·哥窑》。《夷门广牍》本。

南宋　余姚官窑青瓷鬲式香炉　高 8.6 厘米
浙江省博物馆藏

南宋　余姚官窑青瓷梅瓶　高 21.7 厘米
浙江省博物馆藏（浙江杭州出土）

南宋　内窑青瓷花口套盘　口径 16.8 厘米
中国国家博物馆藏

南宋　内窑青瓷洗　口径 21.5 厘米
故宫博物院藏

南宋　内窑青瓷长方形盆　高 12.5 厘米
台北故宫博物院藏

南宋　续窑青瓷梅瓶残件
高 33.5 厘米
（续窑窑址出土）

南宋　续窑青瓷香鼎残件
高 13 厘米
（续窑窑址出土）

内窑窑址出土的
青瓷残片

乌泥窑窑址出土
的青瓷残片

郊坛下官窑窑址
出土的青瓷残片

哥哥洞窑窑址出土的月白釉香鼎残件

据考证,杭州凤凰山的元代窑址就是元人所称的"哥哥洞窑"[1]。根据考古发掘资料,凤凰山窑址元代地层,即哥哥洞窑的瓷器可分为截然不同的两类:一类是烧于元末以前质量较好的"绝类古官窑"的器物,与南宋官窑青瓷质量相近,质细釉润;另一类就是元末所烧的"土脉粗糙,色亦不好"的瓷器。从哥哥洞窑窑址出土的晚期瓷片看,胎质较粗,釉色普遍偏灰或泛黄,有的还呈现出乳浊的月白色,这表明哥哥洞窑"绝类古官窑"的制瓷工艺在元末已无法再现,它是由技术缺失所导致的。

[1] 李刚:《"修内司官窑"质疑》,《南方文物》1997年第4期。

造成技术断层的正是至正十九年（1359）冬杭城所遭遇的那场毁灭性的战乱[1]。尽管烧制粉青釉或天青釉的关键的工艺技术缺失了，然灰胎和黑胎、乳浊釉等特征仍在所烧瓷器中保留了下来，其中月白和米黄色、釉面开片的乳浊釉瓷器，自然地发展、变易为一个独特的品种——哥窑瓷器。从《格古要论》的有关记载看，至明早期，哥窑已完全定型，南京明洪武四年（1371）汪兴祖墓出土的 11 件造型相同、釉呈月白色、釉面开片的花口盘[2]，显露出元末以后哥窑"成群队者"的基本面貌。

特别值得注意的是，器物的形制是随着朝代更迭而不断变化的。从北宋官窑到南宋官窑，器形一直处于不断发展变化中，而唯一不变的就是类玉的青釉，这反映了统治者审美理念的延续性。《格古要论》云"旧哥窑，色青，浓淡不一"，所指的是元早中期哥哥洞窑"绝类古官窑"的青瓷，其釉质与南宋官窑一样，主要为粉青色的乳浊釉，而元末新烧的"土脉粗燥"的月白、米黄釉瓷器，是在仿官技术缺失后出现的另类黑胎乳浊釉产品，它即为后世所称的哥窑瓷器的鼻祖。明初定型的哥窑瓷器，釉色以月白为主，这种审美特征持久延续着，即便是在历代所有的仿哥瓷器中，这一审美属性亦从未发

哥哥洞窑窑址出土的米黄釉鸟食罐
高 2.5 厘米

---

[1]　李刚：《内窑、续窑和哥哥洞窑辨析》，《东方博物》第
　　　23 辑，浙江大学出版社 2007 年版。

[2]　南京市博物馆：《南京明汪兴祖墓清理简报》，《考古》
　　　1972 年第 4 期。

哥窑月白釉花口盘　口径 13 厘米
故宫博物院藏
（南京明洪武四年汪兴祖墓出土）

生过变易。

　　明代，哥窑瓷器深受世人广泛喜爱，哥窑器物频繁地出现
于文献、画作，甚至瓷器的装饰图案中，因而就出现了对哥窑
器物的仿制。至迟在宣德时期，景德镇御窑厂就开始仿烧哥窑
瓷器了。故宫博物院收藏的宣德御窑厂仿哥釉碗，圈足内有"大
明宣德年制"青花款，釉面布满开片[1]。2002 年在景德镇珠山御
窑遗址出土有宣德仿哥釉多棱罐、六边形罐以及大盘等[2]，从出
土资料来看，景德镇御窑宣德时期的仿哥釉瓷器，釉色月白，
釉面布满细碎纹片。同时期还有仿汝窑青釉、仿龙泉窑青釉和
仿官窑瓷器。如仿汝釉蟋蟀罐，外壁施淡天青色釉，釉面莹润，
开细碎纹片，酷似北宋汝窑青釉[3]。仿龙泉窑青釉瓷器，釉色翠

[1]　故宫博物院：《故宫陶瓷图典》第 150 页，紫禁城出版社 2010 年版。

[2]　北京大学考古文博学院、江西省文物考古研究所、景德镇陶瓷考古研
　　　究所：《景德镇出土明代御窑瓷器》第 152—158 页，文物出版社 2009
　　　年版。

[3]　故宫博物院：《故宫陶瓷图典》第 150 页，紫禁城出版社 2010 年版。

明宣德　仿哥釉菊瓣纹碗　口径 18.7 厘米
故宫博物院藏

明宣德　仿哥釉六边形罐（修复件）
高 11 厘米
（景德镇御窑窑址出土）

明宣德　仿汝釉蟋蟀罐　口径 13.6 厘米
故宫博物院藏

青而淡雅，有的外壁上部有青花六字横款"大
明宣德年制"[1]，有的则在外底心刻"大明宣德年
制"六字双圈楷书款[2]。仿官窑之器，釉色皆为
粉青。可见，明早期人们是能对哥窑、汝窑、官窑、
龙泉窑等窑口瓷器的釉色清晰地加以区分的。

　　对哥窑、哥釉瓷器的仿烧，至少说明了以
下四点：1.明宣德以前，哥窑的窑场已倒闭；
2.世人对哥窑瓷器的釉色相当喜爱；3.仿哥窑
的瓷器均把开片作为装饰；4.仿哥瓷器一律为
月白釉。景德镇御窑厂仿哥，是以宫廷所藏的哥
窑瓷器为参照物的，它再现的是哥窑瓷器的审
美特征，其关键因素不是器形，而是釉，透过
景德镇御窑厂最早的仿哥瓷器可以看出哥窑的
本来面貌——月白的乳浊厚釉，这是从元末发
端、明早期定型的哥窑之基本属性，也是探讨
哥窑问题的基石，离开这个基石而谈论"哥窑"，
则是缘木求鱼，得出的必是错误结论。

明成化　仿官窑觚　高 15.2 厘米
（景德镇御窑窑址出土）

[1]　香港艺术馆：《景德镇珠山出土永乐宣德官窑瓷器
　　　展览》第 204—205 页，香港市政局 1989 年版。

[2]　北京大学考古文博学院、江西省文物考古研究所、
　　　景德镇陶瓷考古研究所：《景德镇出土明代御窑瓷
　　　器》第 150—151 页，文物出版社 2009 年版。

问题的讨论

南宋龙泉并无哥窑，这个问题其实已经昭然若揭了，不过，有人仍将龙泉小梅等地烧制黑胎开片青瓷的南宋窑场认定为明人文献所说的宋代"哥窑"，甚至把龙泉境内多处遗存开片残瓷的窑场皆称作"哥窑"，对此，有必要作进一步讨论。

第一，成书于南宋开禧二年（1206）的《云麓漫钞》说龙泉所烧的瓷器是"粉青"色，而不是明代哥窑的那种典型釉色——月白色，而南宋晚期成书的《负暄杂录》《坦斋笔衡》详细叙述了南宋烧造青瓷的名窑，包括乌泥窑，却没有龙泉"哥窑"，这些纪实性的南宋文献证明了南宋龙泉不存在"哥窑"。

第二，认为南宋龙泉有"哥窑"的文献依据，是明中期以后的《春雨堂随笔》《浙江通志》和《七修类稿续稿》，而其应"证实"的就是"章生一"在"琉田"（今大窑）所掌烧的"一窑"，这是"立论"的前提。然而，持龙泉"哥窑"说的人，总是越出"琉田"和"一窑"范畴来进行"阐释"，试问：脱离了前提的"理论"，能站得住脚吗？

第三，南宋官窑的工艺延续到元代的哥哥洞窑，其釉色仍以粉青为特征，在发掘中，幸亏在窑址遗物上发现了八思巴字，否则会出现认识上的偏差——元代的黑胎乳浊釉青瓷可能都会被视作南宋官窑的产品了。元晚期哥哥洞窑"绝类古官窑"的技术失传后，乳浊釉中类玉的粉青色消失，月白等色渐成釉色的主流，至明初定型为世人喜爱的独立的新瓷种——哥窑瓷器。哥窑消亡后，景德镇御窑厂仿烧哥窑的瓷器均施月白釉。从明初一直到现在，哥窑的概念、风貌，十分清晰，月白釉是哥窑的审美属性，它是研究哥窑的基石。没有基石而作移花接木式的论述，得出的只能是谬论。以前曾有人将清宫遗存的哥窑瓷器，说成是南宋的"修内司官窑"瓷器[1]，犯的就是这样的错误——因为粉青釉是南宋官窑的审美属性，它是研究南宋官窑的基石，抛开这一基石而把施月白釉的哥窑瓷器说成是南宋"修内司官窑"瓷器，实属缘木求鱼的虚妄之论。南宋龙泉窑烧制的黑胎乳浊釉青瓷，是以内窑青瓷为标杆的时代产物，并且，南宋以后龙泉窑一直以烧制青瓷而闻名于世。既然月白釉不是龙泉窑的审美属性，那么，把缺乏研究基石的龙泉"哥窑"与真正的哥窑搅在一起，则显得十分荒谬了。

第四，由于受窑位、窑温以及焙烧气氛的影响，青瓷的釉色千差万别，同时也会产生过烧、生烧的现象。南宋郊坛下官窑遗址出土的瓷片以粉青釉为主，少量生烧器物的釉呈月白、米黄色，用1200℃—1270℃范围内的还原气氛重烧，都呈现出纯正的粉青色[2]。杭州万松岭内窑遗址出土的少量生烧器物的釉亦呈月白或米黄色，其烧成温度为

南宋　龙泉窑青瓷瓶　高23.3厘米
大英博物馆藏

[1]　李辉柄：《宋代官窑瓷器》，紫禁城出版社1993年版。

[2]　陈显求等：《南宋郊坛官窑与龙泉哥窑的陶瓷学基础研究》，《中国古陶瓷研究》，科学出版社1987年版。

南宋　龙泉窑青瓷瓶　高 21.6 厘米
常盘山文库藏

南宋　龙泉窑青瓷瓶　高 22.8 厘米
大阪市立东洋陶磁美术馆藏

南宋　龙泉窑青瓷瓶　高 25 厘米
德川美术馆藏

南宋　龙泉窑青瓷洗　口径 19.7 厘米
常盘山文库藏

南宋　龙泉窑青瓷洗　口径 17.3 厘米
正木美术馆藏

1120℃，在用 1210℃的还原焰对这种器物的残片进行重烧后，所有残片的釉均呈现出莹润的粉青色[1]。龙泉窑址调查中发现的那种砖红色胎的所谓"米黄釉"瓷器，其实是属于生烧的器物，不能将它当作一个单独的瓷器品种。常盘山文库收藏的一件南宋龙泉窑青瓷瓶[2]，瓶底附近一部分釉为纯粹的粉青色，其余生烧部分则为米黄色，更能直观地说明问题[3]。有人将龙泉石隆窑址生烧的釉色视作正烧的釉色，并将之与月白釉的哥窑瓷器混为一谈，则违反了常识。

第五，龙泉小梅瓦窑路出土的部分厚釉青瓷，胎色较深，这是就地取用含铁量较高的瓷土而非故意选用紫金土所致，许多器物釉的透明感很强，这是焙烧温度过高、焙烧技术较差的表现。这类青瓷釉面上的开片是烧窑停火后的降温阶段因器物的胎和釉收缩率不一致所造成的，有的则是在瓷器出窑后的漫长岁月里因胎内储存的应力受环境影响而释放所缓慢形成的。明代以前，开片多为工艺缺陷而并非刻意追求的装饰效果，在龙泉的所有古窑址中，没有一处窑址的产品是全都开片或全都不开片的。

第六，龙泉窑址调查资料显示，在龙泉大窑、溪口、小梅等地窑址中都存在着烧造黑胎乳浊釉青瓷的窑场，其中大窑以

[1]　李家治等：《杭州万松岭采集的瓷片的科学技术研究》，《古陶瓷科学技术》第四集，上海科学技术文献出版社 1999 年版。

[2]　《常盘山文库中国陶瓷研究会会报 I——米色青瓷》第 13 页，2008 年版。

[3]　与此瓶形制相同的大阪市立东洋陶磁美术馆和德川美术馆收藏的南宋龙泉窑青瓷瓶，分别高 22.8 厘米和 25 厘米，釉色皆为青色。正木美术馆收藏的南宋龙泉窑青瓷洗，口径 17.3 厘米，形制与常盘山文库收藏的洗完全一样，其釉色亦是青色，两相对照，可以发现常盘山文库所藏之洗本来要烧造的颜色应该也是青色，而其口沿至外壁器底有一部分已经烧成淡淡的青色更是一种证明。

生产白胎青瓷为主，黑胎青瓷的比例较小，溪口瓦窑垟则以生产黑胎青瓷为主，兼烧白胎青瓷，这说明当时这些窑是两种青瓷一起生产、一起烧成的 [1]，如此则与"各主一窑"的说法不相符。况且，南宋时期龙泉境内并没有专烧月白釉器物的窑场，也不出产月白釉瓷器，故龙泉境内没有所谓的"哥窑"。

第七，有人认为龙泉方言中的"官"与"哥"谐音，于是便将南宋至明代实际存在的龙泉官窑与明人编造的龙泉"哥窑"相混淆，谬误之处是显而易见的——且不说明清写书者并非龙泉人，即便是龙泉人，也只会用官方语言撰文，更何况他们是完全能够明辨书面语中的"官"、"哥"二字的。还有人据此而认为"哥窑"是由南宋龙泉的"仿官"窑场——"官窑"演化而来的。至于南宋时期的龙泉方言中"官"、"哥"是否谐音，可暂且不论，即便同音，人们怎么会把与宫廷相联系的"官窑"降格为民间的"哥窑"呢？又怎么会把处州府监控的烧造宫廷用瓷的窑场，说成是"章生一"个人主管的作坊呢？同时把分布广泛、窑场众多的龙泉窑"浓缩"成琉田一地的由"章生二"主管的"一窑"来与之相伴呢？看来此说既缺乏证据，又缺乏逻辑性。

第八，与哥窑的"哥"是地名"哥哥洞"的简称不同，龙泉"哥窑"的"哥"则是与"弟"对应的概念。明人所谓的龙泉"哥窑"和"弟窑"都在大窑，而且各是一座窑，那么，请问在大窑的古窑址考古发掘工作已做得相当彻底的今天，谁能指明哪处窑址是"哥窑"遗址？谁敢称该窑址的产品为"哥窑"瓷器？如若连这个起码的问题都无法回答，还谈什么龙泉"哥窑"呢？

第九，从《天水冰山录》的记载分析，明代统治者颇为喜

[1] 朱伯谦：《龙泉大窑古瓷窑址发掘报告》，《龙泉青瓷研究》第66页，文物出版社1989年版。

爱哥窑及仿哥的"碎磁"，这折射出明代朝野追求哥窑、仿哥瓷器审美价值的风气很盛，于是，在哥窑消亡一个世纪后某些文人才会热衷于杜撰龙泉"哥窑"的故事。如今，从事龙泉窑考古的人，本应轻易地认清这个故事的文学性和戏谑性，但是，有的人反把无稽之谈作为"史实"来加以"考证"，脱离、无视研究的前提和基石，混淆视听。其实，哥窑与内窑、郊坛下官窑一样，属于单个的窑场，是不允许在窑场的具体地点上含糊其辞的，然而，他们既无法指明大窑的某处南宋窑址是"哥窑"，又不得不用龙泉出土的本无哥窑属性的文物来"创造历史"。不言而喻，这种为了标新立异而抹杀客观事实的行为，是对真理的歪曲、对学术的亵渎。

结束语

哥窑在何处？除了明代人知道在"杭之凤凰山下"外[1]，明以后，就鲜为人知了，这一方面与哥窑窑址的湮没有关，另一方面与明清好事者在南宋龙泉窑问题上指鹿为马、张冠李戴、胡编乱诌有关。哥窑瓷器是什么釉色？明宣德以来的景德镇历代窑工以及青睐哥窑、仿哥瓷器者，则是无不知晓的。综上所述，哥窑的来龙去脉已十分清楚了，目前只是尚未发现元末至明宣德以前的定型化的哥窑窑址而已，但有了观察、研究哥窑的基石，加上可靠的文献记载以及哥哥洞窑、哥窑和仿哥瓷器，那么，宏观的结论无疑是符合客观事实的。古陶瓷研究

[1]〔明〕高濂：《遵生八笺》卷十四《燕闲清赏笺·论官哥窑器》。文渊阁《四库全书》本。〔明〕王士性：《广志绎》卷四《江南诸省》。《台州丛书》本。

是文物研究的一个组成部分，它总体上属于社会科学（人文科学）的范畴，既然是科学，那就得重证据，并且还需符合逻辑。儿童曾有一则笑话——问：斑马是怎么来的？答：是老虎和马杂交产生的。这虽然可笑，但人文科学研究若脱离事实，凭空想象，同样会闹出这样的笑话。那些望文生义、望物生义而又缺乏证据、不符逻辑的观点、理论，常以似是而非的面貌迷惑世人，必须仔细加以辨别。读了恩格斯的《反杜林论》，就会懂得什么是似是而非的理论的迷惑性、危害性。只有掌握科学的方法论，方能明辨是非，同时不会受到诡辩、谬论的负面影响。

哥窑诸问题的研究

在文物研究领域，有的问题由于缺乏最关键的证据，所以就给世人留下了主观想象、妄加猜测的空间，并且，其关注度越高，就越是众说纷纭、歧见叠出。尚未发现窑址的哥窑问题便是如此。当然，在窑址这一最关键的证据没有获得前，对哥窑进行深入研究还是很有必要的，最起码可以确立科学的方法论，以此驱散笼罩在哥窑之上的人为制造的迷雾，使有关哥窑的各类问题最大限度地接近事实的真相。

文献记载的是与非

据元明文献的可靠记载，"哥窑"是从"哥哥洞窑"演变而来的。元人孔齐的《静斋至正直记》云："乙未冬在杭州时，市哥哥洞窑器者一香鼎，质细虽新，其色莹润如旧造，识者犹疑之。会荆溪王德翁亦云，近日哥哥窑绝类古官窑，不可不细辨也。"[1]

---

[1] 〔元〕孔齐：《静斋至正直记》卷之四《窑器不足珍》。《粤雅堂丛书》本。

此条"直记"将哥哥洞窑的时代为元代、地点在杭州、产品特征极类似古官窑瓷器都说得非常清楚。杭州凤凰山窑址出土的带有八思巴字的窑具，说明此处窑场的烧造年代为元代，与文献记载的年代一致。窑址中部分黑胎乳浊釉的优质青瓷确实"绝类古官窑"，不仅釉面特征"莹润如旧造"，造型方面也与南宋官窑青瓷酷似。考古资料与文献记载完全相符，故杭州凤凰山古名"哥哥洞"之地的烧制黑胎乳浊釉青瓷的元代窑场，就是孔齐所记载的哥哥洞窑[1]。不过，由于传抄时的脱漏，哥哥洞窑在同一条记载中再次出现时则误写为"哥哥窑"，至明早期，"哥哥窑"被简称为"哥窑"。本来所在清晰的窑名，就这样变为所在不明的窑名了。

成书于明洪武二十一年（1388）的《格古要论》的"哥窑"条记载："哥窑，旧哥窑，色青，浓淡不一，亦有铁足紫口，色好者类董窑，今亦少有。成群队者，元末新烧者，土脉粗燥，色亦不好。"[2]《新增格古要论》则记为："哥哥窑，旧哥哥窑出，色青，浓淡不一，亦有铁足紫口，色好者类董窑，今亦少有。成群队者，是元末新烧，土脉粗燥，色亦不好。"[3]在《格古要论》和《新增格古要论》中的"哥窑"或"哥哥窑"条目中，都提到了"旧哥窑"或"旧哥哥窑"，其所对应的就是《静斋至正直记》中的烧造"绝类古官窑"瓷器的窑，虽然"旧"属于哪个时段不明晰，但从"成群队者，是元末新烧，土脉粗燥，色亦不好"的记述可以看出，元代早中期的产品绝类古官窑；元末的器物"土

---

[1]　李刚：《"修内司官窑"质疑》，《南方文物》1997年第4期。

[2]　〔明〕曹昭：《格古要论》卷之下《古窑器论·哥窑》。《夷门广牍》本。

[3]　〔明〕曹昭著，王佐校增：《新增格古要论》卷之七《古窑器论·哥哥窑》。明万历刊本。

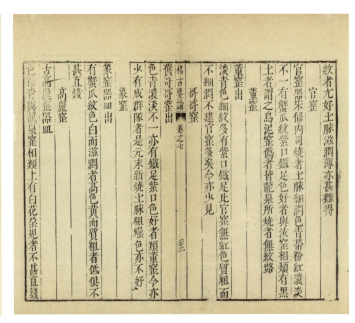

《格古要论》书影（《夷门广牍》本）　　《新增格古要论》（明万历刊本）

脉粗燥，色亦不好"，问题在于"粗燥"指的到底是什么颜色？
这一点没有说明，但肯定不是"古官窑"的那类粉青色。至正
十九年（1359）的一场兵燹给杭州城带来了毁灭性的打击[1]，位
于凤凰山上的哥哥洞窑也不可能幸免于难，之后哥哥洞窑再度
燃起窑火所烧的就是"土脉粗燥，色亦不好"的瓷器。"土脉粗
燥"说明瓷土的舂捣、淘洗、练泥、陈腐等加工工序变得粗疏了，
而同一种原料还会因加工方法的不同导致氧化物和微量元素的
含量出现差异[2]，从而造成产品质量的不同。哥哥洞窑窑址出土
的产品可分为截然不同的两类：一类烧于元末以前，质量较高，

---

[1]　李刚：《内窑、续窑和哥哥洞窑辨析》，《东方博物》第 23 辑，浙江大
　　学出版社 2007 年版。
[2]　李刚：《制瓷工艺偶记》，《东方博物》第 14 辑，浙江大学出版社 2005
　　年版。

"色好者类董窑"。同书对"董窑"瓷器的描述是："淡青色，细纹，多有紫口铁足，比官窑无红色，质粗而不细润，不逮官窑多矣，今亦少见。"其实，"类董窑"的器物，就是元人所说的"绝类古官窑"的优质青瓷。一类是元末所烧的劣质瓷器，质地粗糙，釉色普遍偏灰或泛黄，有的还呈现出乳浊的月白、米黄色，即"土脉粗燥，色亦不好"，与"绝类古官窑"的粉青釉瓷器根本不能相提并论。又由"新烧"二字可以看出，哥哥洞窑的历史在元末曾中断过，"绝类古官窑"的制瓷工艺随着其历史的短暂断裂而湮没了。元末以后哥哥洞窑的月白、米黄釉瓷器正是哥窑瓷器的先声。

细读《格古要论》"哥窑"条，可以清晰地看到，该书所说的哥窑，其实从头到尾就是凤凰山上的哥哥洞窑，而与后来定型的哥窑毫无关系。《格古要论》这条记载没有指出哥哥洞窑的设窑地点，但却明确了其年代与产品特征。

明人王士性的《广志绎》记载："官、哥二窑，宋时烧之凤凰山下，紫口铁脚，今其泥尽，故此物不再得。"[1] 明人高濂的《遵生八笺》，刊刻于万历十九年（1591），此书在论述官窑的同时，对哥窑也做了较为详细的叙述："官窑品格，大率与哥窑相同，色取粉青为上，淡白次之，油灰色之下也。纹取冰裂鳝血为上，梅花片墨纹次之，细碎纹，纹之下也。……所谓官者，烧于宋修内司中，为官家造也。窑在杭之凤凰山下，其土紫，故足色若铁，时云紫口铁足。紫口，乃器口上仰，釉水流下，比周身较浅，故口微露紫痕。此何足贵？惟尚铁足，以他处之土咸不

---

[1] 〔明〕王士性：《广志绎》卷四《江南诸省》。《台州丛书》本。

及此。哥窑烧于私家，取土俱在此地。"[1] 此二条文献记载官、哥二窑都在凤凰山上，对窑址地点的记述是清晰、准确的。南宋在杭州为宫廷烧制青瓷的窑场有内窑、续窑和郊坛下官窑，内窑位于万松岭东侧的山坡上，内窑废弃之后在凤凰山东北面的山腰上设窑继续烧瓷，此窑即续窑。沿凤凰山向西南至将台山，其南为乌龟山，南宋朝廷于开禧二年（1206）前不久在郊坛下设立的窑场，就是今人所称的郊坛下官窑，它位于乌龟山西麓。其实，万松岭与乌龟山皆为凤凰山的余脉，也就是说南宋专为朝廷烧瓷的窑场皆设在凤凰山上。

　　根据文献记载及现有的考古资料分析，哥窑烧瓷的时间跨度约为元末至明初。明人皇甫录的《皇明纪略》载："都太仆言，仁宗监国，问谕德杨士奇曰：'哥窑器可复陶否？'士奇恐启玩好心，答云：'此窑之变，不可陶。'他日，以问赞善王汝玉，汝玉曰：'殿下陶之则立成，何不可之有？'仁宗喜，命陶之，果成。"[2] 当时是否真的烧成了仿哥瓷器不得而知，但永乐时期哥窑消亡已久则是事实。从明代的《长物志》中"宣窑冰裂鳝血纹者，与官、哥同"这段文字可以看出，景德镇窑至迟从明宣德开始仿烧哥窑瓷器。故宫博物院收藏的宣德景德镇窑仿哥釉碗，既印证了《长物志》的相关记载，又表明哥窑的历史在景德镇窑仿哥之前就早已结束了。正是由于明晚期哥窑已不存在了，人们对其由来已不清晰，故《广志绎》与《遵生八笺》将哥窑的年代记为宋代，而此后至清代有关哥窑记载的文献多人云亦云，于是哥窑的年代便被认定为宋代了。

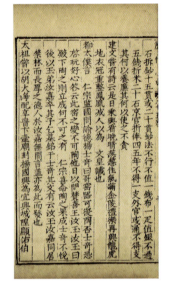

《皇明纪略》书影
（明刻本）

---

[1] 〔明〕高濂：《遵生八笺》卷十四《燕闲清赏笺·论官哥窑器》。文渊阁《四库全书》本。

[2] 〔明〕皇甫录：《皇明纪略》，《历代小史》卷八十五。明刻本。

　　嘉靖年间，对哥窑记载的文献多了起来。陆深在《春雨堂随笔》中说：“哥窑浅白，断纹号百圾碎。宋时有章生一、生二兄弟，皆处州人，主龙泉之琉田窑。生二所陶青器，纯粹如美玉，为世所贵，即官窑之类。生一所陶者色淡，故名哥窑。”[1] 嘉靖四十年（1561）编成的《浙江通志》则云：“龙泉……县南七十里曰琉华山……山下即琉田，居民多以陶为业。相传旧有章生一、章生二兄弟二人，未详何时人，主琉田窑造青器，粹美冠绝当世。兄曰哥窑，弟曰生二窑。”[2] 嘉靖四十五年（1566），郎瑛在《七修类稿续稿》中写道：“哥窑与龙泉窑，皆出处州龙泉县。南宋时，有章生一、生二弟兄，各主一窑。生一所陶者为哥窑，以兄故也。生二所陶者为龙泉，以地名也。其色皆青，浓淡不一。其足皆铁色，亦浓淡不一。旧闻紫足，今少见焉。惟土脉细薄，油水纯粹者最贵。哥窑则多断文，号曰百圾破。龙泉窑至今温、处人称为章窑。”[3] 之后的明清文献，如明人顾起元的《说略》、徐应秋的《玉芝堂谈荟》，方以智的《通雅》和《物理小识》，清人的《宋稗类钞》《南窑笔记》以及朱琰的《陶说》、蓝浦的《景德镇陶录》等，它们关于哥窑的记载，内容多如上所述，毫无新意。这些文献描述的章生一所烧瓷器的特征为浅白、断纹，与哥窑器物的外观相符，然而却将产地说成了龙泉，年代由不知何时到定为南宋，故出现了后世所谓的龙泉“哥窑”。

　　考古资料证明，龙泉琉华山下的琉田（今大窑），既没有专烧开片青瓷的南宋窑场，又不出产哥窑那类施月白和米黄釉的

---

[1]〔明〕陆深：《春雨堂随笔》。《今献汇言》本。《宝颜堂秘笈》本书名作《春风堂随笔》。

[2]《浙江通志》卷八《地里志·处州》。嘉靖四十年（1561）刊本。

[3]〔明〕郎瑛：《七修类稿续稿》卷六《事务类·二窑》。耕烟草堂刊本。

开片瓷器。而且在弘治七年（1494）刊行的《菽园杂记》所转载的《龙泉县志》关于龙泉窑的详细记载中，也丝毫不见"哥窑"的踪影[1]。故此类文献所说的龙泉"哥窑"，完全是凭空编造而又添油加醋的无稽之谈。

清人蓝浦的《景德镇陶录》记载："哥器，镇无专仿者，惟碎器户兼造，遂充称哥窑户。以前户能辨本原，今仿哥者只照式仿造，究不知哥何由称矣。"[2]这表明，明早期哥窑消亡后，人们很快就忘却了其由来。龙泉"哥窑"之名，实际上是由于古董行的附会而成。明人宋应星的《天工开物》记载了这一史实。书中载："浙省处州丽水、龙泉两邑，烧造过锈杯碗，青黑如漆，名曰处窑。宋元时，龙泉华琉山下，有章氏造窑，出款贵重，古董行所谓哥窑器者即此。"[3]出现这种情况的主要原因是，至明代中晚期，杭州哥哥洞窑那种"绝类古官窑"的青瓷已停烧150多年，而曾烧制过黑胎开片青瓷的龙泉窑尚在生产乳浊釉青瓷，这便引导人们朝浙南山区追本溯源，"哥窑"在龙泉琉华山下之琉田的传说因此而流行起来，再经文人墨客的演绎和修饰，龙泉"哥窑"便弄假成真了[4]。

---

[1] 〔明〕陆容：《菽园杂记》卷十四。《守山阁丛书》本。弘治之前的《龙泉县志》中应不会有"哥窑"之名，弘治、嘉靖之后传抄、翻刻的版本中，应对关于"哥窑"的记载加以甄别。如乾隆二十七年（1762）修，同治二年（1863）补刊的《龙泉县志》中写道："章姓生二名，不知何时人，尝主琉田窑……世人称其兄之器曰歌歌窑，称其弟之器曰生二章云。"显然，"歌"是"哥"的误写。

[2] 〔清〕蓝浦：《景德镇陶录》卷二《镇器原起·哥器》。嘉庆二十年（1815）刊本。

[3] 〔明〕宋应星：《天工开物》卷中《陶埏》。崇祯十年（1637）刊本。"锈"古与"釉"同义。

[4] 李刚：《龙泉窑纵笔》，《东方博物》第10辑，浙江大学出版社2004年版。

　　《景德镇陶录》记载："碎器窑，南宋时所烧造者，本吉安之庐邑永和镇另一种窑，土粗坚，体厚，质重，亦具米色、粉青样，用滑石配釉，走纹如块碎，以低墨土赭搽薰，既成之器，然后揩净，遂隐含红黑纹痕，冰碎可观，亦有碎纹素地加青花者。"[1] 清人唐秉钧的《文房肆考图说》云："吉州窑，出今吉安州永和镇……宋时有五窑……又有碎器窑更佳，今世俗讹称哥窑，体厚质粗者，不甚直钱。"[2] 因世人将"碎器窑"称作"哥窑"，属于"讹称"，故《景德镇陶录》对此说道："……其实假哥窑虽有碎纹，不同鱼子，且不能得铁足，若铁足，则不能有声，惟仍呼碎器为称。"

　　由上述文献可以得知，碎器窑地点在吉安永和镇，但至今尚未发现窑址所在，其产品特征之一为有开片，仅此一点与哥窑瓷器相似。"碎器窑"是否真实存在？其产品面貌究竟如何？都有待于作科学的探索，但不能将"碎器窑"误称为"哥窑"。

　　通过对文献所载哥窑内容的辨析，哥窑问题明显可以简化为两点：其一，哥窑的年代为元末明初；其二，哥窑的设窑地点在杭州的凤凰山上。热释光断代、微量元素测定是最有效的鉴定手段，科技工作者通过科技测定，也得出了哥窑窑址位于杭州的凤凰山，其烧制时间大致为元代的结论[3]。

　　古人记述亲眼目睹之事，多相当可信，《静斋至正直记》即属此类，后人笔述往事，或转抄前人记载，或得之传闻，脱漏、差错在所难免，有的甚至还添枝加叶、颠三倒四、混淆是非，因

[1] 〔清〕蓝浦：《景德镇陶录》卷六《镇仿古窑考·碎器窑》。嘉庆二十年（1815）刊本。

[2] 〔清〕唐秉钧：《文房肆考图说》卷之三《古窑器考·吉州窑》。乾隆四十一年（1776）刊本。

[3] 李家治、吴瑞：《科技研究为官哥等窑的时空定位提供新思路》，《文物保护与科学》2006 年第 18 卷第 4 期。

而正确地释读古籍，去伪存真，是研究古陶瓷的颇为重要的一个方面。在对元明纪实性文献进行综合分析后，基本可以看清：元代文献中的"哥哥洞窑"、"哥哥窑"和明代文献中的"旧哥窑"、"哥窑"，指的都是杭州凤凰山上的同一个窑场，元晚期以前其产品"绝类古官窑"，元末新烧的"土脉粗燥，色亦不好"的瓷器，是在仿官技术缺失后出现的另类产品[1]，它便是后世所称的哥窑瓷器的鼻祖。

出土实物的是与非

河南平顶山舞钢一座北宋墓出土的两件白釉粉盒，被称为宋代"哥窑"粉盒[2]。两件粉盒均"内外通体施白釉，子母口，矮足"。一件整体布满深色片纹，一件盒盖呈白色，只在器身有深色片纹，看起来像是哥窑瓷器的开片，故人们便将其定为"哥窑"瓷器了。事实表明，宋代没有哥窑，哥窑的名称与实物皆出现于元末明初，故脱离这个时段的，本无"哥窑"可言。更何况其产地不明，造型亦不见于元末明初的哥窑瓷器。

南京明洪武四年（1371）卒的东胜侯汪兴祖

北宋　白釉粉盒　高 3.8 厘米
（河南舞钢北宋墓出土）

[1]　仿官技术，包括胎、釉原料的选择、配方和加工，以及焙烧阶段对火候、时间的准确控制等，这种技术的缺失，必然导致产品外观的变易。

[2]　河南省文物考古研究院等：《河南舞钢宋墓发掘简报》，《中原文物》2020 年第 4 期。

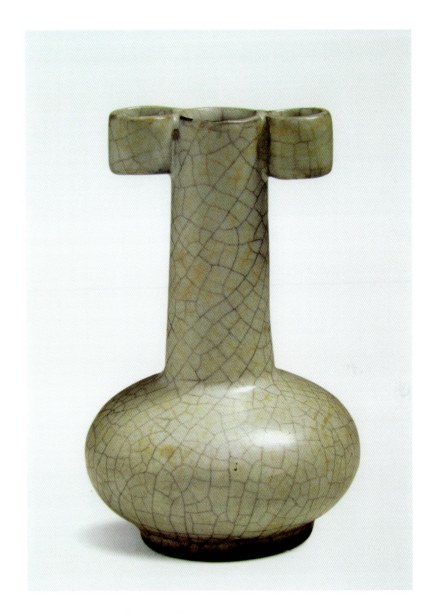

元　青釉贯耳瓶　高 12.8 厘米
上海市文物管理委员会藏（上海青浦元代任氏墓出土）

墓出土的 11 件形制相同、大小不一的哥窑花口盘，月白釉，釉面开片，大盘圈足露出紫褐色胎骨，中、小盘底部留有支烧痕迹 [1]。这批花口盘，折射出元末以后哥窑"成群队者"的基本面貌。

上海青浦元代晚期任氏墓出土的 8 件黑胎乳浊釉开片瓷器，原报告称之为"官窑器" [2]。其中长颈瓶 4 件，"小口，斜肩，鼓腹，圈足，通体有细纹开片，圈足露胎处显紫酱色胎骨，施淡灰青色釉"。贯耳瓶 2 件，"直口，长颈两侧附贯耳，扁圆形腹，圈足。器身纵横细纹开片，施灰青釉，器口、耳釉薄处略呈紫色"。簋式香炉 1 件，"胎灰黑，侈口，鼓腹，圈足，附兽形双耳，颈下凸起弦纹一周，形制朴厚凝重，釉色青灰，开本色纹片，圈足底露紫酱色胎骨，器心及底均有支痕"。鬲式香炉 1 件，"口竖二螭耳，鼓腹，三足"。这 8 件瓷器程度不同地显露出后来的哥窑瓷器的样貌，足以表明具有哥窑瓷器特征的器物在元代晚期已有生产。

浙江长兴明墓出土 2 件青瓷器，其中香鼎 1 件，口微侈，圆唇，束颈，鼓腹，圜底，矮足，除足尖露胎外，通体施青釉，釉面呈现大小不一的开片纹，其中大开片纹线呈黑色，小开片纹线呈淡黄色，足底露黑色胎骨。贯耳瓶 1 件，直口，长颈，扁圆腹，圈足。口部有两对称贯耳，贯耳口部与瓶口平齐，除足底露胎外，通体施青釉，局部釉面受沁呈乳浊色。釉面呈现大小不一的开片纹，其中大开片纹线呈黑色，小开片纹线呈淡黄色，

[1]　南京市博物馆：《南京明汪兴祖墓清理简报》，《考古》1972 年第 4 期。
[2]　沈令昕、许勇翔：《上海市青浦县元代任氏墓葬记述》，《文物》1982 年第 7 期。

元　青釉簋式香炉　高 8.4 厘米
上海市文物管理委员会藏（上海青浦元代任氏墓出土）

元　青釉长颈瓶　高 14.8 厘米
上海市文物管理委员会藏（上海青浦元代任氏墓出土）

明 青釉贯耳瓶 高 11.8 厘米
（浙江长兴明墓出土）

明　青釉香鼎　高6.6厘米
（浙江长兴明墓出土）

足底露胎呈黑色[1]。有人将之归入了施月白釉的"传世哥窑"的范畴。然而，二者的釉色、外观特征是相去甚远的，也就是说，它们不属于同类的窑业制品。这两件青瓷器均为黑胎乳浊釉器物，釉面开片的所谓"金丝铁线"纹是受土沁所致，而非人工有意为之，与元代晚期哥哥洞窑的产品特征相同。贯耳瓶两耳紧贴口部，腹部较大，与上海青浦元代任氏墓出土的贯耳瓶造型相同，所以此瓶的年代应为元末明初。

　　江苏溧水人民银行工地"元代"窖藏出土4件"哥窑"瓷器[2]，其中有长颈瓶2件，"施粉青色釉，釉层较厚，有多个缩釉小孔。釉面遍布冰裂纹，一种线条较粗、发黑，另一种线条较细、微黄。圈足露胎呈紫黑色"。香鼎1件，"内外施粉青色釉，釉层较厚，釉面遍布粗细不等的冰裂纹，粗线发黑色，细线发微黄色。三足足尖无釉，露胎处呈紫黑色"。鸟食罐1件，"施粉青色釉，釉层较厚，釉面有冰裂纹，口沿部冰裂线条较多，呈黑色，其它部位冰裂纹比较稀疏"。然长颈瓶与香鼎的釉色实为淡青而略偏月白色，鸟食罐则为米黄色，器身片纹的颜色并非出窑时的原貌，而是长时间的土沁等所致。元末之前的哥哥洞窑只追求"古官窑"的粉青釉、天青釉的审美效果，绝未将开片视为一种美，而且杭州哥哥洞窑窑址发掘中并未见有"金丝铁线"状的片纹，若此香鼎与长颈瓶的开片是特意做成的装饰，则这种片纹的形成到成为装饰，需要一定的时间，故其年代必定偏晚。又，此

---

[1] 浙江省文物考古研究所、长兴县文物保护管理所：《浙江长兴石泉明墓发掘简报》，《文物》2015年第7期。文中所附的彩色图片，明显偏色，实物呈青中泛灰色，而不是所谓的"米黄色"。

[2] 杨正宏、肖梦龙、刘丽文主编：《镇江出土陶瓷器》第194—196页，文物出版社2010年版。高茂松：《江苏溧水永阳镇元代窖藏出土的瓷器与初步认识》，《东南文化》2011年第2期。

明　淡青釉长颈瓶　高 11.5 厘米
溧水博物馆藏（江苏溧水窖藏出土）

明　淡青釉香鼎残件　口径 7.5 厘米
溧水博物馆藏（江苏溧水窖藏出土）

元 青釉香鼎 高 6.9 厘米
（韩国新安海域元代沉船出水）

香鼎的造型为口部微侈、束颈、鼓腹，与韩国新安海域元代沉船出水的直口、近直腹的香鼎区别明显，而与浙江长兴明墓出土的香鼎相似；长颈瓶腹部圆鼓，不似上海元代任氏墓出土的贯耳瓶的腹部呈扁圆形，与长兴明墓出土的贯耳瓶腹部类同；窖藏所出土的龙泉窑青瓷的造型及纹饰，明代早期也较为常见，所以此窖藏的年代不会早于明初。

安徽安庆元代窖藏出土的 5 件哥窑瓷器，原报告中称为"景德镇窑仿南宋官窑器"[1]。其中米黄釉盘 1 件，"通体施米黄釉，不露胎，外底中部有六枚支钉痕，釉层甚厚，有开片纹，足和口沿釉层薄，呈现绛紫色"。花口盏 2 件，一件"敛口，鼓腹，矮圈足。内外施米黄色釉，釉层较厚，半透明，有开片纹。足底露胎，为铁黑色。口沿釉薄，呈绛紫色"；另一件"侈口，矮圈足。内外施淡青釉，釉层厚，有开片纹。足底露胎，胎质坚细，铁黑色。口沿釉薄，呈绛紫色"。淡青釉盏 1 件，"侈口，矮圈足。内外施淡青釉，釉厚质坚，有开片。足底露胎，呈铁黑色。口沿釉薄，呈绛紫色"。米黄釉把杯 1 件，"釉厚而较莹润，有开片。足底露胎，胎坚质细，铁黑色。口沿釉薄，呈绛紫色"。2002 年的出版物中，将这批器物定为了"南宋官窑器"[2]，2009 年则称之为"元代仿官窑

[1] 胡悦谦：《安庆市出土的几件瓷器》，《文物》1986 年第 6 期。

[2] 安徽省博物馆：《安徽省博物馆藏瓷》第 79—83 页，文物出版社 2002 年版。

元　米黄釉花口盏　口径 7.8 厘米
安徽博物院藏（安徽安庆元代窖藏出土）

元　青釉花口盏　口径 8 厘米
安徽博物院藏
（安徽安庆元代窖藏出土）

元　青釉盏　口径 8.1 厘米
安徽博物院藏
（安徽安庆元代窖藏出土）

元　米黄釉把杯　高 3.1 厘米
安徽博物院藏
（安徽安庆元代窖藏出土）

元　月白釉贯耳壶　高 14 厘米
繁昌县博物馆藏（安徽繁昌元代窖藏出土）

元大都遗址出土的青釉瓷片

瓷器"[1]。这几件器物釉色为淡青、米黄，釉面有开片，开片处不着色，尤其米黄釉盘与南京汪兴祖墓出土的哥窑盘特征相同，姑且将它们归入元末明初哥窑的范畴似较合理。

　　安徽繁昌元代瓷器窖藏出土的2件哥窑贯耳壶，曾被看作南宋官窑的产品[2]。它们形制相同，整体呈扁八棱形，直口，垂腹，圈足，底足露胎处呈褐色。颈部饰凸弦纹两道，两侧对称贴竖直管状耳。通体施月白釉，开片纵横交错。贯耳壶造型虽是仿南宋官窑，然施月白釉的黑胎瓷器只是在哥哥洞窑元末产品中才开始少量出现，此前哥哥洞窑瓷器所施的都是仿南宋官窑的粉青釉，所以此窖藏中的贯耳壶，当属于元末以后的产品。

　　元大都遗址发现4种"哥窑"残片，外观精美，其中4号试样的罐，就是报告中所称的"胎骨呈青灰色，亮厚的蟹青釉

[1]　安徽省博物馆：《元瓷之珍》第30—31页，文物出版社2009年版。

[2]　郭青：《稀世瓷器 组团来见》，《大江晚报》2009年3月18日B2版。

明　米黄釉贯耳瓶　高 14 厘米
（南京明洪武二十五年沐英墓出土）

明　米黄釉贯耳瓶　高 14 厘米
（南京明嘉靖二十三年吴经墓出土）

下有碎开片纹，应属哥窑的产品"的那类[1]。后经测定，它的胎、釉等许多方面与哥窑很不相同[2]。另 3 种"哥窑"瓷片，报告中未曾发表，一件炉口部残片和一件罐的腹部残片皆为灰青釉，一件长颈瓶残器，"釉米白"，经过对残片的显微结构研究和胎釉化学分析，为哥窑器[3]。科技人员对元大都遗址出土的"哥窑"瓷器与杭州凤凰山哥哥洞窑产品进行胎釉化学成分测定对比后，认为前者为杭州凤凰山元代时烧造的制品[4]。需要指出的是，元大都遗址出土的被视作"哥窑型"的瓷片[5]，大多釉色青灰，釉面布满细碎的开片纹，这类残瓷既没有绝对纪年，器形又不完整，无法用传统的鉴定方法对之作出正确的判断，因而必须借助热释光等科技手段，对其进行精确的断代，将它的烧造时间限定在某个较小的时段内，然后再用微量元素测定法来判断其产地，这样，才能最终明确其窑口。

此外，南京明洪武二十五年（1392）黔宁王沐英

[1] 中国科学院考古研究所、北京市文物管理处元大都考古队：《北京后英房元代居住遗址》，《考古》1972 年第 6 期。

[2] 陈显求等：《元大都哥窑型和青瓷残片的显微结构》，《硅酸盐学报》1980 年第 8 卷第 2 期。

[3] 陈显求等：《元大都哥窑型和青瓷残片的显微结构》，《硅酸盐学报》1980 年第 8 卷第 2 期。

[4] 李家治等：《杭州凤凰山麓老虎洞窑出土瓷片的工艺研究》，《建筑材料学报》2000 年第 3 卷第 4 期。

[5] 现收藏于首都博物馆，图片参阅故宫博物院：《哥瓷雅集——故宫博物院珍藏及出土哥窑瓷器荟萃》第 156 页，故宫出版社 2017 年版。

墓曾被盗[1]，墓内未发现随葬品，后文物部门追回一部分，包括2件贯耳瓶、青花梅瓶及金山、银山、铜器等。贯耳瓶为"米黄色釉，全身开满细密纹片，器身有一道明显的接痕。圈足露胎处呈灰黑色，紫口特征明显，似为追求南宋官窑'紫口铁足'艺术效果，刻意刷紫金水而成"。1966年发掘的南京明嘉靖时期吴经墓出土4件"哥窑"瓷器，分别为贯耳瓶2件、双耳炉1件和小杯1只，"均为米黄色釉，满身开细小纹片"。双耳炉"制作规整，紫口铁足"。其中贯耳瓶"器身有一道明显接痕，造型及制作工艺与沐英墓出土的那对贯耳瓶十分相似，连尺寸都近乎相同"。有人推测，吴经墓出土的这4件瓷器，"虽出自嘉靖时期的墓葬中，但它们的生产时间应在元末明初"[2]。然而，上述那种在器口刷紫金水的做法，属于"紫口"的造假，这类瓷器岂能与元末明初的哥窑瓷器同日而语？

在搞清了哥窑的历史为元末明初后，各地出土

明　米黄釉杯　口径4.8厘米
（南京明嘉靖二十三年吴经墓出土）

---

[1]　沐英（1345—1392），明朝开国功臣，明太祖朱元璋的养子。

[2]　张浦生、邓禾颖：《浅析苏、沪、皖地区墓葬、窖藏出土的"官哥窑"器之产地》，《南宋官窑文集》第215—216页，文物出版社2004年版。由于吴经墓的详细发掘资料尚未发表，4件瓷器的面貌只能从有限的材料中获得。另一篇关于吴经墓出土文物的文章中则介绍这4件瓷器均为灰釉开片瓷器，且根据墓志记载吴经生于成化七年（1471），卒于嘉靖二十三年（1544）。参阅徐佩佩：《明御用监太监吴经墓出土文物的一些考证》，《文物鉴定与鉴赏》2018年第10期。

的早于和晚于这个时段的类哥瓷器，便可排除在哥窑的范畴之外。而初步判断为哥窑的瓷器，还存在进一步研究的空间，也许有的并非元末哥哥洞窑或明初哥窑所烧。尽管如此，因有元代、明初的纪实性文献和哥哥洞窑窑址的实物为依据，故墓葬、窖藏出土的这类元末明初的黑胎乳浊釉开片瓷器至少可以作为判别传世的林林总总的"哥窑"瓷器真伪的重要尺度。

传世器物的是与非

传世的"哥窑"瓷器，是指釉色、片纹不同于南宋官窑青瓷的黑胎乳浊釉瓷器，收藏于故宫博物院、台北故宫博物院、中国国家博物馆、上海博物馆、瑞士日内瓦鲍氏东方艺术馆、英国大维德基金会等，其他博物馆也有零星收藏，品种有贯耳瓶、贯耳壶、长颈瓶、盘、碗、套盘、洗、花盆、香炉等，其年代以往多被笼统地定为宋或南宋[1]。这与明清文献的无稽之谈以及约定俗成的"宋代五大名窑"（汝、官、哥、钧、定）之说的误导有关。实际上，真正属于宋代的只有"汝"和"官"，"定"的制瓷时间虽然较长，但从朝廷纳用定瓷的角度而言，其辉煌期始于晚唐迄于北宋中期，"钧"（"官钧"）的生产时间为元代，"哥"的年代为元末明初，故"宋代五大名窑"之说是荒谬的[2]。可见，将传世的"哥窑"瓷器笼统地定为宋或南宋也是错误的。

上海博物馆收藏的"哥窑"五足香炉，曾被看作宋代制品，"是

---

[1]《故宫博物院藏文物珍品大系》之《两宋瓷器（下）》，上海科学技术出版社 2010 年版。故宫博物院：《哥瓷雅集——故宫博物院珍藏及出土哥窑瓷器荟萃》，故宫出版社 2017 年版。

[2] 李刚：《"宋代五大名窑"的是与非》，《东方博物》第 42 辑，浙江大学出版社 2012 年版。

明　米黄釉香炉　高 9.2 厘米
上海博物馆藏

传世哥窑的典型器"[1]，后又被称为"南宋哥窑五足洗"[2]。此器用
紫金土做胎，施米黄色釉，釉面的大小开片纹被人为着色，形
成了"金丝铁线"的装饰效果。足底露胎处呈深褐色，内底有
套烧时留下的 6 个支钉痕，这种充分利用空间、降低成本的做
法表明，传世的"哥窑"瓷器的生产具有很强的商业性。南宋
时并不见这样的器形，而将开片作为美化瓷器的手段，是在哥
窑停烧后才出现的，故其年代晚于元末明初是显而易见的。

　　中国国家博物馆收藏的"哥窑"六曲花口盘，"青灰色釉，
釉面厚润如脂，满布'金丝铁线'般开片纹，足端刮釉垫烧。
紫口铁足，是宋代哥窑的精细之作"[3]。青瓷六曲花口盘是宋代官
窑的特色产品，北宋张公巷汝窑所产的折腹棱线分明，南宋官
窑以及元代哥哥洞窑的同类产品折腹逐渐变得不明显，汪兴祖
墓出土的元末明初的哥窑六曲花口盘的折腹更不如前，而这件
六曲花口盘已不见折腹的痕迹。据此可知，这件器物当为明代
的仿品。

---

[1]　上海博物馆：《上海博物馆藏瓷选集》图 33，文物出版社 1979 年版。

[2]　上海博物馆：《上海博物馆藏品精华》图 98，上海书画出版社 2004 年版。

[3]　吕章申主编：《中国古代瓷器艺术》第 34 页，安徽美术出版社 2011 年版。

明　青釉六曲花口盘　口径 15.5 厘米
中国国家博物馆藏

北宋　张公巷汝窑青瓷六曲花口盘
口径 23.7 厘米
河南省文物考古研究院藏

南宋　余姚官窑青瓷六曲花口盘
口径 19.5 厘米
大阪市立东洋陶磁美术馆藏

元　月白釉六曲花口盘
口径 15.9 厘米
台北故宫博物院藏

明　青釉花口洗　口径 13 厘米
故宫博物院藏

　　故宫博物院收藏的南宋"哥窑花口洗"，釉色青灰或米黄，
外底有 5 个或 6 个支钉痕。哥哥洞窑窑址出土的一件青瓷花口
洗，外底留有支烧痕，但在内窑、续窑、乌泥窑、郊坛下官窑
等南宋官窑窑址出土的青瓷中，均不见这类器物，所以这种器
形是否会早于元代，还有待于探索。目前可以肯定的是，花口
洗是哥哥洞窑的特色品种之一，元以后，哥窑及仿哥产品中常
见这种造型。清宫遗存的黑胎花口洗可分为两类：一类为青釉，
釉面开片较为细碎自然[1]，其形制与支烧方法都与哥哥洞窑的花
口洗酷似。另一类为月白、米黄釉产品[2]，釉面布满细碎的开片，
片纹有两种，一种较粗长，呈黑色，一种较细短，呈黄色，且

[1]　故宫博物院：《哥瓷雅集——故宫博物院珍藏及出土哥窑瓷器荟萃》第
　　　62—63 页，故宫出版社 2017 年版。
[2]　故宫博物院：《哥瓷雅集——故宫博物院珍藏及出土哥窑瓷器荟萃》第
　　　74—75 页，图 26，故宫出版社 2017 年版。

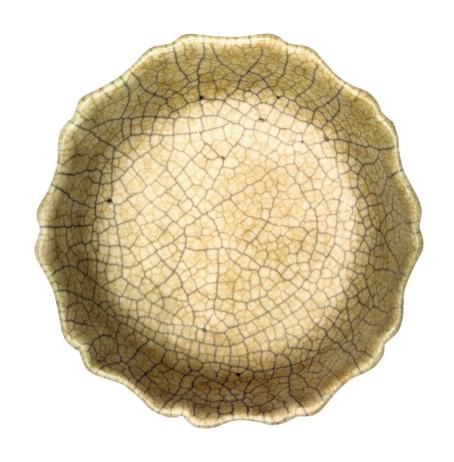

明　米黄釉花口洗　口径 11.8 厘米
故宫博物院藏

片纹弯曲呈锯齿状，仿佛文献记载的碎器窑那种"以低墨土赭搽薰"的效果，当属明早期以后的仿哥产品。这些器物刻意追求"金丝铁线"的装饰效果，反倒露出了仿哥的马脚。

传世的"哥窑"器物中有一类造型古朴，做工精致，釉色月白，釉面光润，片纹具"金丝铁线"，如故宫博物院收藏的"哥窑"菊瓣纹盘、日内瓦鲍氏东方艺术馆收藏的"哥窑"贯耳壶、套盘等，显然都属于仿哥制品，因明清景德镇御窑的仿哥瓷器通常都有款识，故无款的此类器物当多是景德镇民间的"哥窑户"所烧制的。

清宫遗存的"哥窑"器物中另有一类月白釉的黑胎开片瓷器，胎色较深，釉面开片自然，与元末哥哥洞窑的器物明显不同，也不如后来景德镇窑仿哥瓷器精致，或为明早期的哥窑瓷器。

总的来看，海内外收藏的传世的"哥窑"瓷器共同特点是：胎土含铁量较高，胎体较厚，釉层乳浊而丰腴，多呈月白或米黄色，釉面有大小不等的片纹。虽然它们的产地尚不清楚，但其年代大多不早于元末则是毋庸置疑的。因此，早于元末的月白釉开片瓷器，不属于哥窑，只有元末明初的月白釉开片瓷器才是哥窑的产品，而晚于此期的月白釉开片瓷器则属于仿哥品。那么，这些传世器物中，究竟哪些属于哥窑？哪些为景德镇"哥窑户"的产品？哪些为"碎器窑"或其他窑口所烧？将来只有通过科技测定、考古发掘等途径，才能准确地判定其年代、区别其产地。

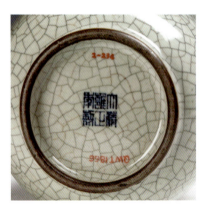

清雍正　仿哥釉瓶　高 24.8 厘米
天津博物馆藏

明　仿哥窑长颈瓶　高 13.3 厘米
日内瓦鲍氏东方艺术馆藏

明　仿哥窑套盘　高 10.2 厘米
日内瓦鲍氏东方艺术馆藏

研究方法的是与非

人们一般将博物馆、美术馆和民间收藏的、各地出土的不同年代的月白色、乳浊釉、釉面开片的器物统称为哥窑瓷器，然而需要注意的是，哥窑为一个真实的窑口，而不是指釉的种类，更不是脱离具体产地和烧制时段的白釉、开片瓷器的模糊概念。传统的研究方法不外乎是根据器物造型、釉面特征、装烧工艺等来鉴别哥窑瓷器，然其缺陷是明显的，因为历代的仿烧者都会把握仿哥的诸要素，而当今的造假者更是善于鱼目混珠，在拍卖行出现的一些"哥窑"瓷器即为显例。所以，要鉴别哥窑与仿哥瓷器，除了以实物资料和文献记载为基础外，还必须借助先进的科技测定手段。

20世纪50年代后，陶瓷化学元素分析的方法被引入古陶瓷研究，人们通过对古陶瓷主量元素的测定，可大致将古陶瓷的产地划定在一个较大的区域内[1]。但这种方法无法确定陶瓷器的具体产地。到了20世纪90年代，人们用中子活化法、X荧光

明　仿哥窑贯耳壶　高23.3厘米
日内瓦鲍氏东方艺术馆藏

[1]　周仁、李家治：《中国历代名窑陶瓷工艺的初步科学总结》，《考古学报》1960年第1期。

光谱法和等离子光谱法等，对古瓷胎中的微量元素进行测定，发现微量元素可显示出更小范围的地域特征，微量元素因此被称为"指纹元素"[1]。这种研究方法，已能将同一地区或不同地区所烧制的胎釉等外观特征相同的瓷器加以区分[2]。尽管哥窑窑址尚未发现，但是搞清现有"哥窑"瓷器的微量元素含量，以此进行产地的归类，对判定"哥窑"瓷器的真伪是大有裨益的。其中，如果微量元素与哥哥洞窑相同，那它就是产于杭州的凤凰山，如果微量元素与景德镇窑相同，那就是景德镇窑或景德镇"哥窑户"的仿哥产品，倘若微量元素既不同于哥哥洞窑，又有别于景德镇窑，那就是尚未发现窑址的其他窑口所烧的了。

热释光技术是目前测定瓷器年代的可靠手段，用它所测定的古陶瓷年代与相应的碳十四（^{14}C）测定年代和考古判定年代相当接近[3]。热释光的基本原理是：制作陶瓷的黏土中，存在一定数量的结晶固体，它们受到黏土中铀（^{238}U）、钍（^{232}Th）、钾（^{40}K）等放射性同位素衰变所产生的 α、β、γ 射线以及来自太空的高能宇宙射线的影响时，内部电子的位置和晶体的结构会相应改变，各类辐射的能量因此而储存起来，积累能量的多寡与时间成正比，当结晶固体遇到热刺激时，所储存的辐射能量便在晶体结构和电子的复原过程中以光的形式释放出来，这种现象称作热释光。陶瓷器在焙烧时，晶体储存的辐射能量全部释放，

[1]　罗宏杰等：《浙江部分古瓷胎稀土元素分布特征的研究》，《古陶瓷科学技术》第 2 集，上海古陶瓷科学技术研究会 1992 年版。

[2]　李刚：《识瓷五笺》，《东方博物》第 26 辑，浙江大学出版社 2008 年版。

[3]　王维达、周智新：《用热释光测定中国陶器年代》，《中国古陶瓷研究》，科学出版社 1987 年版。〔英〕Doreen Stoneham：《用热释光测定瓷器年代》，《中国古陶瓷研究》，科学出版社 1987 年版。

冷却后就像时钟拨零重新计时似的再度积累辐射能量[1]。年代越久，晶体蓄积的辐射能量就越多。人们就是利用热释光的这一原理来测定古陶瓷年代的。目前，古陶瓷热释光断代的误差率已降到 5% 左右，随着古陶瓷热释光年剂量数据库的建立和科技的进步，测定的误差率还会不断降低。

不过，虽然热释光技术发展了近五十年，但仍存在一个问题，那就是它是一种有损测定技术。由于古瓷的不可再生性以及审美要求，非在不得已的情况下一般是不会对完整器作取样研究的，因而无损测定方法便成为了一种现实的技术需求。近年来这方面的探索已在进行，其中一个方法是使用由光纤导引的二氧化碳激光的红外辐射直接对瓷器的测试点加热，使其在百分之一秒内发出热释光，这种无损测定技术在理论和实验上均已取得了有意义的进展[2]。可以坚信，将来热释光等无损测定技术定会日益成熟、完善并得到应用。

处于科学技术日新月异的时代，文物研究者应当认识、吸纳科学技术，确立古籍记载、实物资料、科学测定三位一体的方法论。只有在科学方法论的指引下，才能不断将哥窑问题的研究推向新的深度和广度。

余　论

中国陶瓷史上最繁难而困惑人的两个问题，即对宋代官窑和元末明初哥窑的辨别和认知。前者已随着窑址的发现和研究

[1] 李刚：《识瓷五笺》，《东方博物》第 26 辑，浙江大学出版社 2008 年版。

[2] 刘有延、罗荫权：《热释光方法在古陶瓷鉴定中的应用》，《物理》2006年第 5 期。

的深入而基本明朗了，然哥窑问题则因窑址迄未发现而无法真正做到正本清源。不过，相关的探索则可厘清哥窑的发展脉络，构建哥窑研究的总体框架。就目前的研究成果而言，哥窑之名及其烧制工艺源于杭州凤凰山元代的哥哥洞窑，已无什么疑义。有一个问题值得重视，哥哥洞窑窑址暴露于地表，倘若元末以后的月白、米黄釉瓷器在此地烧造，那么这个废弃物较少的堆积层必是最先因自然和人为的因素被破坏的，在问题没搞清之前，哥哥洞窑与定型的哥窑同在一处的可能性不能完全排除。

哥窑在古代窑业中堪称为一朵奇葩，它是在哥哥洞窑"绝类古官窑"的工艺缺失后诞生的，不仅"土脉粗燥"，而且"色亦不好"，这是原料加工草率、配釉技术和焙烧工艺蜕变的结果。即便如此，其黑胎、乳浊厚釉、支烧和垫烧等特征与南宋官窑瓷器非常近似，因而博得了世人的广泛喜爱。明初，哥窑以独特的面貌成了闻名遐迩的窑口。令人费解的是，哥窑的历史相当短暂，只在元末明初昙花一现，随后便销声匿迹了，是何原因导致它停烧的？这恐怕是一个难以知晓的谜案。这个"烧于私家"的民窑的瓷器，从永乐以后便被朝廷掌控的景德镇御窑以及景德镇民窑不断仿烧，足见其审美价值之高，这也反映出哥窑的产量是相当有限的，窑场倒闭后，其产品就成了稀有之物。有一点值得注意，出土的元末哥哥洞窑和明初哥窑瓷器的开片纹，仅有少许土沁的颜色，这表明它们在离开窑场之前是不进行人为着色的，换言之，刻意将片纹作为美化瓷器的装饰，是从仿烧哥窑瓷器开始的，而且，这种理念随着时间的流逝而不断强化，人工做出的"金丝铁线"为其标志。应当看到，有些传世的哥窑瓷器在长期的收藏、使用过程中，由于灰尘、污垢进入开片的缝隙中，所以也会使片纹呈现出类似人工着色的现象。明后期及清代文人在记载"哥窑"瓷器时，大多离不开对片纹的描述、夸赞。可以说，今人把只要有明显片纹的白釉、月白釉瓷器统统归入哥窑范畴，与明清文人对"哥窑"片纹的强调有关。

　　问题在于，哥窑是一个客观存在的窑场，所烧瓷器在当时属于一个前所未有的特殊种类，其釉面特征与窑口、自身工艺有着具体的关联性，是不能随意移花接木、张冠李戴的。这与"钧窑"问题很相似，长期以来，人们将河南、山西等地金元时期各个窑口出产的窑变釉瓷器统称为"钧瓷"、"金钧"、"元钧"、"钧釉瓷"等，这显然是不确切的，因为钧窑是钧州（今河南禹州）的窑口，窑址位于钧台、八卦洞一带，而古人称誉的钧窑，则特指元代的"官钧"。当然，哥窑因窑址尚未发现，故认识的难度自然要大些。但是，有两点是十分清楚的：第一，哥窑瓷器的年代为元末至明初；第二，哥窑瓷器的产地只有一处。若年代偏离元末明初的施乳浊白釉、具开片的瓷器，固然不属于哥窑器物[1]，同时，海内外流传有绪的以及各地出土的这类瓷器，即使釉面风貌、制作工艺与哥窑瓷器相像，然因产地不明，故也不能轻易地将之与哥窑挂钩，其中，年代晚于哥窑的，充其量只是仿哥之器。

　　真正的哥窑瓷器主要收藏于故宫博物院和台北故宫博物院，然而，清宫遗存的"哥窑"瓷器，成分很复杂，除了哥窑制品外，还有明清景德镇御窑的仿哥器物。据明代的《天水冰山录》记载，朝廷没收的太子太师严嵩及其子工部左侍郎严世蕃的财

---

[1]　有人把韩国新安海域元代沉船中与"至治三年"（1323）货签同期或年代更早的具有细碎片纹的白瓷定为"哥窑型"，这分明是错误的，因为那时哥窑还没有诞生。

产中，有"哥、柴窑碎磁杯、盘一十三个，内一个厢金边，哥窑碎磁桃杯一只，柴窑碎磁盆五个，柴窑碎磁碗二个，哥窑碎磁瓶二个，哥窑碎磁笔筒一个，彩漆碎磁壶一把"[1]。"碎磁"即釉面开片的瓷器。由此可知，清宫收藏的"哥窑"瓷器中混杂着一些包括景德镇"哥窑户"在内的民窑仿哥品。如何鉴别哥窑与仿哥瓷器，是摆在人们面前的一大难题。从理论上讲，只要用热释光等科技手段测出所有"哥窑"瓷器的年代，再测出所有"哥窑"瓷器胎中微量元素的含量，便能将烧造时间在元末明初、微量元素相同的器物确定为哥窑瓷器。但问题并非如此简单，因为目前高准确度的无损测试方法尚不成熟或有待发明，所以要最终彻底揭开哥窑瓷器的谜底，既要依赖不断进步的科学技术，又得期待有朝一日把哥窑遗址从沉睡中唤醒。显然，这是一个漫长的、荆棘塞途的探索过程，而它却也是一条正确的、充满希望的必由之路。

---

[1]〔明〕佚名：《天水冰山录》。《知不足斋丛书》本。

附　录

东汉　越窑青瓷井

东晋　德清窑黑瓷鸡首壶

南朝　洪州窑青瓷盘

北齐　绿彩青瓷罐

唐　长沙窑褐绿彩青瓷罐

唐　鲁山窑花瓷罐

北宋　耀州窑青瓷注子

北宋　定窑白瓷熏炉

北宋　登封窑白瓷虎纹瓶

北宋　建窑鹧鸪斑黑瓷盏

宋　吉州窑剪纸贴花黑瓷盏

金　磁州窑白地黑花枕

元　"官钧"玫瑰紫釉花盆

元　景德镇窑青花梅瓶

明洪武　景德镇窑釉里红军持

明宣德　景德镇窑红釉僧帽壶

明成化　景德镇窑斗彩鸡缸杯

明弘治　景德镇窑黄釉青花盘

清雍正　景德镇窑粉彩天球瓶

清乾隆　景德镇窑象生蟹蚶果品

中国古代名窑简介

越窑　此名最早见于唐人陆龟蒙的《秘色越器》诗，是对浙江宁波、绍兴一带北宋以前瓷窑的统称。形成于东汉，而其渊源则可上溯到商周时期的原始瓷生产。早期越窑的中心产地在上虞曹娥江中游地区，随着制瓷技术的传播，邻近的绍兴、慈溪、余姚、宁波、鄞县等地陆续设立了一些瓷窑。唐代开始，慈溪上林湖成为越瓷的主要产区。自东汉上虞创烧出成熟瓷器后，越窑制瓷业不断发展，先后经历了三国西晋的鼎盛期和晚唐五代的全盛期，北宋中期以后衰落。所产瓷器始终以青瓷为主，东汉至南朝还生产一定数量的黑瓷。在装饰上，东汉主要是拍印的几何纹，其次有范印的杉叶纹、印贴的铺首、刻划的弦纹和水波纹、捏塑的胡俑和动物形象等；三国西晋时期以压印的网格带纹、戳印的联珠纹为主流，兼有范印、刻划、印贴、捏塑等各种纹样；东晋南朝时期以褐色点彩和刻划莲瓣纹为常见，其他纹饰较少；唐宋时期盛行刻划花装饰，同时有少量的褐色彩绘。越窑瓷器除了行销全国各地，并从唐代开始大量输往亚、非各地外，还被历代王朝纳为宫廷用瓷。其卓越的制瓷技术曾传入南北各窑乃至朝鲜半岛的高丽窑，推动了海内外制瓷业的发展。它是古代历史最悠久、影响最大的瓷窑体系。

上虞窑　早期越窑的主体。在上虞境内发现东汉至北宋窑址近400处，主要分布于曹娥江中游地区，其中，东汉窑址60多处，三国西晋窑址140余处。各地出土的早期越窑瓷器，多产于此。上虞窑在它的发展过程中涌现出袁宜、范休可等许多制瓷名匠，他们用自己的智慧烧制出不可胜数的优质瓷器，使上虞窑成为先进制瓷技术辐射性传播的源泉。在经历了东晋至唐代的不断发展后，至五代吴越晚期，上虞窑再度进入制瓷业的繁荣期，窑场遍布上浦、联江等地，上浦窑寺前曾设有"官窑三十六所"，大量烧制贡瓷，器物胎薄体轻，釉色青莹，装饰精致，部分青瓷与同期越窑的主要窑口——上林湖窑的产品难分伯仲。

上林湖窑　唐至北宋越窑的主要窑口。在今慈溪上林湖。现已在上林湖畔发现唐代窑址 70 处，五代北宋窑址 47 处。唐代出产的青瓷上品被誉为"秘色瓷"，这类青瓷胎质细腻，做工考究，釉层均匀，颜色纯正，因其具有特殊的审美魅力，故受到朝廷的青睐，从晚唐开始，上林湖窑承担了一定数量的宫廷用瓷的烧造任务。制作贡瓷的窑场在当时被称作"贡窑"。五代，吴越国将越瓷的进贡由土贡变为特贡，其产量大幅增加。据记载，仅吴越末代国王钱弘俶在位期间向中原皇室进贡的越瓷就达 14 万余件，其中大部分即上林湖窑的制品。同时，吴越统治者还将上林湖窑生产的高档青瓷大量纳入他们的日常生活，杭州和临安等地的吴越钱氏家族墓出土的越瓷，或器体硕大、装饰靡丽，或造型玲珑、釉质莹润，它们标志着越窑制瓷工艺达到了最高水平。唐宋时期，上林湖窑优秀的制瓷技术不仅传入了邻近地区的窑场，还程度不同地影响了南北各地的制瓷业，对全国唐以后的青瓷生产起到了巨大的推进作用。

台州窑　浙江古代烧造青瓷的窑口。现已在台州境内发现历代窑址 70 多处。汉六朝窑址主要分布在临海、路桥等地。唐代窑址除了在临海有遗存外，在温岭、黄岩等地也有发现。五代北宋时期，是台州窑的繁荣期，窑址遍布于天台、仙居、三门、临海、黄岩、温岭的许多地方。各个时期的窑业生产均受到越窑的影响，同时在产品的造型和装饰上又具有自身的特点。临海、黄岩等地的五代北宋窑场所烧的上等青瓷，在质量及审美价值上与同期的越窑青瓷相当接近。

瓯窑　在今浙江温州一带，因地濒瓯江，故名。以前也有人称之为"东瓯窑"。是浙江古代生产青瓷的著名窑口。始烧于东汉晚期，窑场主要分布在永嘉境内，产品质量逊于越窑。三国至南朝，生产规模有所扩大，窑场仍集中在永嘉的楠溪江畔，瓷器质量明显提高，产品种类亦逐渐丰富起来，虽然在造型、纹饰上与同期的越窑产品相似，但东晋点饰褐彩的盖盒、牛形灯和南朝的罂等罕见而又别致的器型已凸显了瓯窑的地域特色。晚唐至北宋，瓯窑制瓷业不断繁荣，窑场从楠溪江下游扩展到今温州、瑞安、乐清等地，其中，温州市郊的西山窑规模最大，所产青瓷质量较高，部分产品可与越窑青瓷比美。北宋以后，传统青瓷的生产日趋衰微。

婺州窑　窑址广布于今浙江金华一带，此地唐宋时为婺州，故名。始烧于东汉晚期，三国以后渐渐兴盛，唐宋时期获得较大的发展，被《茶经》列为青瓷名窑的第三位。早期瓷器生产受越窑影响，产品以青瓷为主，黑瓷较少。汉末三国时期的青瓷，胎普遍呈浅灰色，西晋以后，不少器物用含铁量较高的原料做坯，胎多呈深灰色或紫色，故在坯胎表面施化妆土成为美化瓷器的手段。尽管早期婺州窑产品与越窑近似，然三国时期五管瓶的稀有造型，以及釉层中密布白色斑点的现象，均显示出婺州窑独特的风貌。唐代婺州窑以生产茶碗闻名。此期所烧的以大块褐斑做装饰的青瓷瓶和部分釉面具有乳浊现象的产品，更突出了婺州窑的个性。北宋时，武义、东阳等地的窑场还烧造与越窑基本相同的青瓷。宋元时期除了生产与龙泉窑类似的青瓷外，还有黑釉、乳浊釉、褐色彩绘等品种。元以后衰落。

德清窑　在今浙江德清。共发现窑址30余处，年代早至东汉，晚到唐代。东汉、东晋南朝为瓷器生产的两个重要时期。产品有青瓷和黑瓷两种，造型与同期越窑产品大体相似。20世纪中期以前，曾被划入越窑范畴。以东晋南朝时期生产的黑瓷著称，胎呈砖红色、紫色、浅褐色等，釉层较厚，或色黑如漆，或呈黑褐、黄褐色。青瓷胎呈深灰、浅灰或紫红色，胎体表面一般都施有化妆土，釉色有青绿、青黄等。自上虞帐子山、大乌贼山、石菖岙等地东汉黑瓷窑址发现后，黑瓷创烧于东晋德清窑的观点被纠正。六朝时期，上虞、永嘉等地的部分窑场也烧制一些黑瓷。然东晋南朝时期越窑、瓯窑等窑口出产的黑瓷，胎色和釉色总体上比德清窑的同类制品浅，从而使德清窑黑瓷更具典型性。

龙泉窑　是直接继承越窑制瓷传统发展起来的庞大窑系，窑场分布于浙江南部山区，以龙泉为中心，境内已发现窑址近 400 处。北宋晚期越窑衰落时，龙泉窑迅速兴起并形成规模，宋人谓之"龙泉县窑"。南宋至元代是它的极盛期，明中期以后渐衰，至清代倒闭。北宋产品与越瓷近似，盛行刻划花，釉色青绿，透明度高。南宋时期，一部分瓷器仍保持传统风格，随着时间的流逝而略有变易；另一部分产品受汝窑制瓷工艺的影响，施乳浊釉，以粉青和梅子青为上乘。元明时期烧制的大件器物颇具特色，有的瓶高达 1 米，盘的直径在 70 厘米以上，反映出较高的烧制工艺水平。龙泉窑青瓷在外销瓷中占有很大的比重，日本、菲律宾、马来西亚、巴基斯坦、印度、埃及等国的古代码头及城市遗址中曾出土过大量的龙泉窑青瓷。1976 年在韩国新安海域发现一艘元代沉船，船舱里遗存的 20681 件瓷器中，龙泉窑青瓷约占一半，世人对龙泉窑青瓷的尚好，由此可见一斑。

巩县窑　在今河南巩义。始烧于北魏，生产青瓷、白瓷和黑瓷。唐代有较大的发展，以烧白瓷为主，兼烧三彩陶器及黑釉、茶叶末釉、青花、绞胎等瓷器。常见器物为碗、盘、瓶、注子等。唐人李吉甫的《元和郡县图志》所载河南府土贡的白瓷，即产于此。

汝窑　在今河南宝丰清凉寺和汝州张公巷等地，这一带北宋时属汝州，窑因而得名。北宋中晚期为朝廷烧造青瓷，产品有碗、盘、洗、瓶、樽、套盘、水仙花盆、熏炉等。清凉寺汝窑产品的釉色以天青为主，张公巷汝窑产品的釉色则以淡绿为主，天青次之，釉面以不开片者为上，胎色有浅灰、土黄、深灰、灰白等多种，器壁通常较薄。器物用支钉支烧的，圈足裹釉，用垫饼垫烧的，足底无釉。其中用"芝麻花细小挣钉"支烧的，皆为极品。所谓北宋官窑实际上包括清凉寺汝窑和张公巷汝窑，前者在汝州府的监督下承烧宫廷用瓷，属州府一级的官窑，后者由朝廷设立，属狭义的北宋官窑。后因"靖康之难"而倒闭，优秀的制瓷技术传入南宋官窑。

临汝窑　窑址在今河南临汝严和店、轧花沟、下任村。是宋金时期以烧青瓷为主的北方著名窑口之一。器物多有刻花、印花装饰，造型和纹饰受耀州窑影响，但质量比耀州窑逊色。釉色青中略泛灰，釉内气泡较密集，今人喻之为"聚沫攒珠"。

钧窑　在今河南禹州,此地金代属钧州,故名。始烧于唐代,元以后衰落。境内已发现窑址多处。其中小白峪窑址年代最早,唐代烧造的黑釉带斑点器物,时称"花瓷"。宋金时期部分窑场生产白地黑花、三彩、红绿彩等品种。元代所烧的铜红釉瓷器最为著名,其中的玫瑰紫、海棠红以及有"蚯蚓走泥纹"的品种,备受世人珍爱。此期众多窑场中以钧台窑最具代表性,窑址发掘出数以千计的陈设瓷残片,不少器物的外底分别刻有一到十的数目字,通常数字越小,器体越大。此外,有的产品的釉呈乳浊的天蓝色、月白色等,亦甚美观。

鲁山窑　在今河南鲁山段店。始烧于唐代,终于元代。唐代《羯鼓录》有"鲁山花瓷"的记载。经考古调查,在窑址中发现花瓷拍鼓的残片,证实了该书所述。宋金时期,窑场扩大,产品种类丰富。装饰方法也多种多样,如:有的白瓷罐上以褐点组成的三角形图案,白瓷瓶上以篦划直线纹与曲线纹相间排列的纹样,以及三彩莲瓣高足炉等,均为该窑的特色。

当阳峪窑　在今河南修武当阳峪。为宋金时期北方著名的瓷窑之一。所烧器物以剔花品种最为著名。纹饰流利洒脱,又以黑白、褐白对比强烈的色彩独具一格,其艺术感染力不亚于磁州窑的同类产品。绞胎也是该窑的成功品种之一,将白、褐两种原料绞在一起制作器物,使釉下出现与羽毛相似的纹理,非常精美。

登封窑　在今河南登封曲河。始烧于唐代,下限至元代。产品以白瓷为主。宋金时期的白瓷有绿彩、刻花、剔花、珍珠地划花以及白地黑花等许多品种。还烧制瓷塑玩具、黑瓷和三彩陶器。珍珠地划花品种受密县窑的影响,产量在同类瓷器中居首位,器型有瓶、枕、罐、洗、碗等,以瓶、枕为多,有的瓶高达40厘米左右。窑址附近的残庙内,曾发现清嘉庆碑记一块,碑文载:"尝就里人偶拾遗物,质诸文献通考,而知当有宋时窑场环设,商贾云集,号邑巨镇。"由此可知当年此地瓷器生产和贸易的盛况。

安阳窑　在今河南安阳北郊安阳桥附近。经过考古发掘,判明是一处隋代青瓷窑址。安阳地区部分隋代墓葬出土的青瓷,即为此窑所产。20世纪50年代,在善应、天僖两地还发现金元时期的窑址,前者专烧钧釉瓷器,后者烧制白瓷。这些窑场距磁州窑较近，但未发现具有磁州窑风格的产品。

郏县窑 在今河南郏县。已发现黄道、黑虎洞及石湾河三处窑址，前两处均有唐及元代的残片，石湾河的则属于元代窑址。唐代遗物有黑釉斑点花瓷、黄釉瓷等品种。该窑白瓷上的绿彩，呈碧绿色，在河北、河南、山东、陕西等地瓷窑所烧的同类产品中，色彩最美。元代所烧的器物，有的为具有磁州窑风格的白地黑花瓷，有的则为钧釉瓷。

鹤壁窑 在今河南鹤壁。始烧于唐代，宋代有较大发展，元代衰落。唐代烧制白瓷和黄釉、黑釉瓷器，造型有花口钵、短嘴注子等。宋金时期以白地黑花、褐黄釉刻花折沿盆最具特色。刻花纹饰有莲花、鹅、兔等。白瓷划花大碗与磁州窑同类产品风格相同，碗内底也有五个长条形支烧痕，这反映出磁州窑对该窑的影响。

邢窑 在今河北内丘、临城一带，此地唐代属邢州，故名。始烧于隋代，唐代为繁荣期，盛产白瓷，质地细腻，颜色洁白。《茶经》有邢瓷"类银"、"类雪"的记载。曾被朝廷纳为御用瓷器。唐人李肇的《国史补》云："内丘白瓷瓯，端溪紫石砚，天下无贵贱通用之。"可见，邢窑白瓷是深受世人喜爱的。20世纪50年代后，陕西西安等地的唐墓出土了邢窑白瓷，唐大明宫遗址也有不少颜色洁白的邢窑瓷器出土。此外，在扬州和江南各地的遗址、墓葬以及海底沉船中，也陆续发现了邢窑的产品。

定窑 在今河北曲阳涧磁村和燕山村，此地唐宋时属定州，故名。唐代已烧制质量较高的白瓷，五代规模扩大。《曲阳县志》记载，五代时官府曾在此设官收取瓷器税。北宋时除烧白瓷外，还烧黑釉、赭釉和绿釉等品种，被称为"黑定"、"紫定"和"绿定"。白瓷的釉层略显黄绿色，流釉如泪痕。北宋中期创覆烧法，故碗、盘等覆烧的器物口沿无釉，称为"芒口"。装饰有刻划花、印花等几种，其中，刻划花受越窑影响。五代北宋时期承烧部分宫廷用瓷，这类器物中有的铭有"官"、"新官"、"尚食局"、"尚药局"等字样。定窑产品在外销瓷中也占有一定的比重，迄今已在亚、非许多国家的遗址以及海底沉船中发现定窑瓷器。

磁州窑 在今河北磁县观台镇、彭城镇一带，此地北宋属磁州，故名。

兴起于北宋，金元时具有较大的规模，至明代衰落。产品有瓶、罐、盆、碗、缸、瓮、枕等。以白地黑花（属釉下彩）瓷器为主要产品，兼烧白瓷、黑瓷、白瓷绿斑、褐斑和珍珠地划花、绿釉釉下黑彩、白瓷釉上红绿彩及三彩陶器等品种。其中，釉上红绿彩的烧制对明代景德镇窑釉上彩的发展有一定的影响。所产瓷枕多有张家、李家、王家和陈家造印记。白地黑花保留了不少民间喜闻乐见的纹饰，如：马戏、孩童钓鱼、池塘赶鸭、蹴鞠等，题材丰富而清新，线条流畅而豪放，黑彩与白地对比强烈。瓷枕上还往往书写宋金时期流行的词牌、曲牌，如：《满庭芳》、《朝天子》、《普天乐》、《阮郎归》等。曾对北方各窑和南方的吉州窑等窑口产生了很大的影响。

贾壁村窑　在今河北邯郸市峰峰矿区西部。烧于隋代，产品有青瓷碗、盘、钵等。多光素无纹，少数钵的内部有花瓣纹和波浪纹。该窑是已发现的少数唐以前北方烧造青瓷的窑口之一。

耀州窑　在今陕西铜川黄堡镇，此地唐宋时属耀州，故名。始烧于唐代，盛于宋金，终于元代。有青瓷、黑瓷、白瓷、赭釉瓷及三彩等品种，装饰以刻花、印花为主。五代北宋时受越窑影响，青瓷生产有很大发展。宋人陆游的《老学庵笔记》记载："耀州出青瓷器，谓之越器，似以其类余姚县秘色也。"刻花青瓷颇为精致，刀法犀利，线条刚劲流畅，构图匀称优美。常见纹饰有缠枝莲、把莲、牡丹、缠枝菊、波涛、飞鹤、飞蝶、博古、海水游鱼、童戏图和龙凤等。器物种类丰富，有碗、盘、杯、碟、瓶、罐、香炉、盒、熏炉、注子、承碗、盏、钵、灯、枕等。五代北宋时期，承烧一定数量的宫廷用瓷，在一些青瓷器的外底刻有"官"款。青瓷装饰技法对河南临汝、宝丰、内乡、宜阳、新安、禹县以及广州西村、广西永福等地窑口的青瓷生产影响很大。

介休窑　在今山西介休洪山镇。始烧于北宋，历经金、元、明、清。北宋以烧制白瓷为主，早期碗体厚重，与交城窑相似。北宋后期的薄胎印花碗，胎白纹细，受定窑的影响。碗内底留有三个细小的支烧痕，为其特征之一。白地黑花瓷器亦有烧造，釉面光亮，与河南、河北同类产品有别。金代大量烧制黄褐釉印花器物，常见纹饰为孩童荡舟，是该窑的特色。

怀仁窑　山西北部见于古籍记载的窑口。盛于金，元以后仍有烧造。产品以黑釉、茶叶末釉著称，胎质大多较粗糙，少数较精细，常见装饰为粗线划花和剔花等。金代烧制的白胎黑瓷盏，釉面常见圆斑状结晶，与北宋建窑黑瓷盏的鹧鸪斑相仿，而其明晰、密集的斑纹颇具特色。

交城窑　在今山西交城。始烧于唐代，白瓷产量较大，器型有碗、盘、壶等，兼烧黑釉斑点拍鼓。宋金时期有所发展，仍以生产白瓷为主，也烧制当时北方各窑口所常见的动物小雕塑，还烧制白地赭彩瓷器，特征与介休窑大体相同。有的赭彩略呈橘红色，在其他窑口的产品中极少见。珍珠地划花的品种有枕、洗等，但产量较少。

平定窑　在今山西平定柏井村。始烧于唐代，历经五代北宋。以烧白瓷为主，兼烧黑瓷。有印花、剔花盘以及北方窑口常见的五角、六角盘、碗等品种。窑址与河北临城的邢窑和曲阳的定窑相距较近，瓷器造型和装饰与两窑有一些共同之处。

浑源窑　在今山西浑源。建于唐代，烧白瓷、黑褐釉瓷和茶叶末釉瓷等品种。金元时期生产规模扩大，品种增多，有黑釉剔花、白地剔花和划花产品，器型有碗、盘、盆、罐、枕等。黑釉剔花和白地剔花瓷器为该窑之精品。

霍州窑　初称"霍窑"或"彭窑"，明代的《格古要论》、《博物要览》和清代的《景德镇陶录》等书均有记载，窑址在今山西霍州陈村。创烧于金而盛于元，主要产品为仿定窑的白瓷，元代还烧造少量的白地黑花瓷。装烧方法有叠烧与支烧两种，叠烧的器物内底有烧前刮去釉层的涩圈，支烧的器物通常留有支钉痕。常见器型有碗、盘、碟、把杯等。产品分精粗两类，精者胎质细白坚硬，胎体较薄，部分器物口沿无釉。有的光素无纹，有的以印花等作装饰。印花题材丰富，线条精细，纹样清晰。在元大都遗址中曾出土有霍州窑瓷器，可见该窑的制品在当时具有一定的销路。

洪州窑　在今江西丰城一带，此地唐代属洪州，故名。始烧于汉末，三国至隋代有所发展，唐代为兴盛期，唐末衰落。釉有青色和褐色两大类，器型有碗、杯、盅、盏、钵、罐和文房用具等。装饰技法有镂空、刻划花、印花、堆塑等多种。常见纹饰为莲花、蔷薇、宝相花、梅花、联珠。该窑发现于1977年，从而证实了《茶经》关于洪州产瓷的记载。

　　景德镇窑　在今江西景德镇。据古籍记载，始烧于唐武德年间。20世纪50年代后，在杨梅亭、石虎湾、黄泥头等地发现窑址多处，年代最早的为五代，产品有青瓷和白瓷两种，青瓷釉色泛灰，白瓷釉色纯正，白度达70度。宋代窑址主要分布在湖田、湘湖、南市街、柳家湾，均烧制釉色白里泛青的青白瓷。杨梅亭等地的五代窑场到宋代也改烧青白瓷。器型有碗、盘、瓶、注子、罐、盆、枕等。早期刻划花受越窑影响。后采用类似定窑的覆烧法，产量猛增，这类覆烧器物多饰印花。元代为宫廷烧造的青白瓷上印有"枢府"字样，故被称作"枢府瓷"。器型以碗、盘为主，釉层略有失透感，呈鸭蛋青色，器内大多有印花，题材为云龙、飞凤、云雁、缠枝莲等。普通青白瓷在元代继续生产，在韩国新安海域一艘元代沉船出水的20681件瓷器中，有景德镇窑青白瓷5000余件，以此可见其庞大的烧造规模。与此同时，景德镇窑还烧制青花、釉里红等新品种。明代景德镇成为全国的瓷器生产中心，青花瓷有很大发展，釉上彩、斗彩、素三彩、五彩等品种相继出现。此外，还烧成永乐甜白釉、鲜红釉，宣德宝石红釉、宝石蓝釉等名贵品种。清代早期制瓷业发展迅速，新品种大量涌现，如：康熙时烧成的珐琅彩、粉彩、冬青釉、郎窑红、豇豆红、乌金釉，雍正时烧成的鳝鱼黄釉、蟹壳青釉、炉钧釉、墨彩，乾隆时仿制宋代名窑的瓷器以及模仿玉、石、漆、铜、干鲜果品的象生瓷等。嘉庆以后制瓷业一蹶不振。1949年以后景德镇制瓷业得到了恢复和发展。自宋代开始，景德镇窑瓷器就运销日本、朝鲜半岛、马来西亚、菲律宾、泰国等地，明清时还大量输入欧洲各国。

　　吉州窑　在今江西吉安永和镇，此地唐宋时属吉州，故名。又称"永和窑"。是江南地区名瓷产地之一。境内共发现窑址20余处。始烧于五代，宋元时期有较大发展。产品种类丰富，有青白瓷、白地黑花瓷及黑釉、赭釉、绿釉等器物。覆烧法和印花装饰与定窑相似，白地黑花则受磁州窑影响。黑釉产品中的玳瑁斑、木叶纹、剪纸贴花以及窑变花釉为其特色。剪纸贴花题材有双龙、飞凤、梅花、花朵和"福寿康宁"、"金玉满堂"、"长命富贵"等四字吉语。江西境内的宋墓曾出土不少该窑的瓷器。南昌南宋嘉定二年（1209）纪年墓出土的莲花纹炉及奔鹿纹盖罐，对于判断窑址和同类出土器物的烧制年代有重要的参考价值。该窑瓷器在扬州等许多地区也时有出土。

南丰窑　在今江西南丰。南宋人蒋祁的《陶记》记载了该窑与景德镇窑竞争的情况。始烧于宋代，大量生产青白瓷，器物以碗、盘为主，另有注子、茶托、盒与枕。装饰以刻花居多。也有剔刻月梅纹器物和赭口刻花碗，后者为其他生产青白瓷的窑场所不见。

官窑　广义地讲，是对历代由朝廷和地方政府设立、监管的各类窑场的统称。朝廷掌烧的窑在制作陶瓷器时，不惜工本，精益求精。器物式样往往由朝廷规定，带有雍容华贵的宫廷风格。朝廷在各窑订烧的陶瓷器亦与此相同。官窑瓷器除了供皇室使用外，还常被皇帝作为奖品赏赐给臣下，但在民间极为罕见。历代由地方政府在民窑中挑选、监烧的用于土贡的瓷器与上述瓷器有本质的区别。狭义地讲，就是指宋代官窑。宋人叶寘的《垣斋笔衡》记载："本朝以定州白磁器有芒，不堪用，遂命汝州造青窑器。故河北、唐、邓、耀州悉有之，汝窑为魁。江南则处州龙泉县窑，质颇粗厚。政和间，京师自置窑烧造，名曰官窑。中兴渡江，有邵成章提举后苑，号邵局，袭故京遗制置窑，于修内司造青器，名内窑。澄泥为范，极其精制，油色莹彻，为世所珍。后郊坛下别立新窑，比旧窑大不侔矣。"同时代人顾文荐的《负暄杂录》也有类似的记述，但说北宋官窑设立于"宣政间"，又说郊坛下别立的新窑"亦曰官窑"。明清文献所谓的宋代官窑，实际上是指内窑。

北宋官窑　北宋时为朝廷烧制陶瓷器的窑场的统称。宋人陆游的《老学庵笔记》云："故都时，定器不入禁中，惟用汝器，以定器有芒也。"陆游写此书时，离北宋灭亡不远，故他的记载是相当可靠的。能印证北宋朝廷"惟用汝器"的还有两本宋人撰写的书，一是徐兢于宣和六年（1124）写成的《宣和奉使高丽图经》，书中有"汝州新窑器"的记载；二是周密写的《武林旧事》，书中记述南宋初高宗到清河郡王张俊的王府时，张俊向高宗进奉了青铜器、书画、玉器、瓷器等文物古玩，而瓷器却只有汝窑出产的一种。可见，北宋时烧制宫廷用瓷的主要窑场在汝州境内。经考古调查、发掘证实，汝窑的窑场分布于宝丰清凉寺和汝州张公巷两地。前者由汝州府监控，烧瓷时间较长，所烧的宫廷用瓷，釉多呈天青色，乳浊不开片的为上品，北宋晚期用"芝麻花细小挣钉"支烧的器物,最为精致。后者由朝廷设立于政和末年至宣和初年,即狭义的北宋官窑,制作工艺与清凉寺汝窑一脉相承,许多器物用"芝麻花细小挣钉"支烧,质量颇高,有不少上等品的釉呈淡绿色,亦甚美丽。

南宋官窑　宋室南迁后为朝廷烧造陶瓷器的窑场的统称。州府设立或督烧的窑有余姚官窑、平江官窑、内窑、续窑、乌泥窑等,其中,内窑和续窑由临安府设立,专为朝廷烧制陶瓷器,生产直接受修内司监督。朝廷设立的窑位于郊坛下,今人称之为郊坛下官窑,此乃狭义的南宋官窑,由修内司和御前内辖司统领,它在南宋的《垣斋笔衡》《负暄杂录》、咸淳《临安志》和《梦粱录》等书中均有记载。

余姚官窑　南宋为朝廷烧制陶瓷器的窑口,窑场在今慈溪低岭头、寺龙口等地,此地宋属余姚,故名。《中兴礼书》记载,绍兴元年(1131)、四年(1134)朝廷曾命越州(后改为绍兴府)余姚县烧制陶瓷器。从《云麓漫钞》的相关记述看,余姚官窑生产宫廷用瓷的历史一直延至南宋中期以后。产品分两类:一类为乳浊釉青瓷,通常施一层釉,也有重复施釉的,釉色大多呈淡天青色,有的青中泛白,即宋人所谓的"艾色",这类器物以素面为主;另一类产品施透明青釉,普遍装饰刻划花,风格上与北宋耀州窑等北方窑口的瓷器有相似之处。绍兴、杭州出土的一部分余姚官窑青瓷刻花盘,外底铭有"御厨"款,这说明该窑的粗瓷亦被宫廷纳用。

内窑　位于杭州万松岭东侧的山坡上,是南宋时专为朝廷烧造陶瓷器的窑口。由临安府设于绍兴十四年(1144)前后,生产受修内司监督。据《中兴礼书》记载,绍兴十九年(1149)以前,临安府曾烧制过"太庙陶器"。宋人叶寘的《垣斋笔衡》称其产品为"澄泥为范,极其精制,油色莹彻,为世所珍"。青瓷器主要用紫金土做胎,制作规整,修坯非常考究,普遍施三四层乳浊釉,许多器物的釉面颇具碧玉的质感。小型坯件常用类似汝窑的"芝麻花细小挣钉"支烧,所留下的支钉痕很小。内窑停烧以后,其生产工艺被续窑直接继承,后又传入乌泥窑和郊坛下官窑。

续窑　位于杭州凤凰山东北的山坳,生产性质、隶属关系与内窑相同。设窑时间约在绍兴三十二年(1162)邵局的使命因邵谔罢职而终止后的若干年内。生产上全面继承了以前内窑的制作工艺，产品以灰胎、黑胎乳浊厚釉青瓷为大宗，釉面多开片，釉色以粉青为上，装烧方法有垫烧和支烧两种，然制坯和修坯不甚精细，总体质量远不及内窑青瓷。同时，该窑还烧造少量的仿商周青铜器的陶质祭器。

乌泥窑　南宋时烧制黑胎乳浊釉青瓷的窑口，位于龙泉溪口。南宋晚期成书的《垣斋笔衡》和《负暄杂录》均提及此窑。出土资料和研究表明，它是连接续窑与郊坛下官窑历史的州府一级的官窑。产品一般都施三层釉，以垫烧为主，亦有支烧的，薄胎厚釉的器物做工相当精细。南宋朝廷在都城外的郊坛下设窑后，乌泥窑依然存在，最终因统治者需求的消歇而停烧。元代此地的窑场改烧白胎瓷。至于清人蓝浦的《景德镇陶录》说"乌泥窑"位于建宁府建安（今福建建瓯），则与事实相左，因为乌泥窑虽以产品的黑胎得名，但建瓯附近的建窑在宋代所烧的黑胎瓷，表面施黑釉，南宋人是绝不可能将这类质地粗糙的黑瓷与"极其精制，油色莹彻"的内窑青瓷相提并论的，而龙泉溪口南宋窑场生产的黑胎乳浊釉青瓷，在烧制技术上与内窑青瓷一脉相承，故《垣斋笔衡》、《负暄杂录》才将它们归为一类。

郊坛下官窑　南宋朝廷设立的窑场，位于杭州乌龟山西麓，宋人顾文荐的《负暄杂录》名其为"官窑"，咸淳《临安志》和南宋人吴自牧的《梦粱录》谓之"青器窑"，今人则将它称作郊坛下官窑。据宋人赵彦卫的《云麓漫钞》的记载分析，此窑约设立于宋宁宗嘉泰四年（1204）或开禧元年（1205），窑址出土标本的热释光测定结果与之吻合。所烧器物以灰胎、黑胎乳浊厚釉青瓷为主，兼烧少量陶质祭器。部分制作精致的青瓷器堪与内窑青瓷媲美。

哥哥洞窑　在今杭州凤凰山上，是元代专仿宋代官窑青瓷的窑口。元人孔齐的《静斋至正直记》云："乙未冬在杭州时，市哥哥洞窑器者一香鼎，质细虽新，其色莹润如旧造，识者犹疑之。会荆溪王德翁亦云，近日哥哥窑绝类古官窑，不可不细辨也。"窑址遗存的优质青瓷碎片的胎釉等特征，酷似南宋官窑瓷器。窑址中除了发现印有八思巴字的支钉等窑具外，还出土了"官窑"款青瓷碗残片，这表明该窑与官方存在某种关系。元代晚期因战乱而一度停烧。元末恢复生产，然产品质量粗劣，釉色及开片等特征类似后世所谓的哥窑瓷器。

哥窑　"哥窑"之名源于元代《静斋至正直记》所记的哥哥洞窑。因传抄脱误，在该书的同一条记载中，"哥哥洞窑"被写成"哥哥窑"。明洪武二十一年（1388）成书的《格古要论》则将"哥哥窑"简称为"哥窑"。《格古要论》对"哥窑"产品记述道："色青，浓淡不一，亦有铁足紫口，色好者类董窑，今亦少有。成群队者，元末新烧者，土脉粗燥，色亦不好。"哥哥洞窑元末的制品，正是如此。传世的早期哥窑瓷器，皆"土脉粗燥"，胎多呈灰黑色，釉层乳浊不透明，有月白、米黄等色，布满大小不等的片纹，有"金丝铁线"之称。景德镇窑至迟从明宣德开始仿烧哥窑瓷器，清代仿品多为白胎，缺乏古朴感。因明代哥窑窑址尚未发现，故人们把某些产地不明而釉层乳浊、开片的元明窑业制品，亦归入"哥窑"范畴，或称为"哥窑型"瓷器。这需要将来科学地加以鉴别。

寿州窑　在今安徽淮南高塘湖一带，此地唐代属寿州，故名。始烧于南北朝。为唐代著名的青瓷产地之一。《茶经》记载了此窑的情况。现已发现窑址 10 处，其中管家嘴窑址的年代最早。隋代开始烧制青瓷，器物上有贴花、刻花、印花装饰。余家沟等地窑址出土的唐代瓷片中，器型以碗居多，兼有注子和枕等，釉色以黄为主，也有部分黑釉产品。器物多施化妆土，以掩盖粗糙的胎质。此窑几乎没有质地精细的瓷器。

繁昌窑　在今安徽繁昌。始烧于宋代。在柯家冲等地已发现烧制青白瓷的窑址 10 多处。产品胎较薄，釉光润，无纹饰者多，与景德镇窑同类产品相比，略显逊色。安徽合肥、桐城、铜陵、枞阳、宿松等地宋墓出土的青白瓷，部分为该窑所产。宋末至元代也生产一些青瓷，但质地较粗。

萧窑　在今安徽萧县白土镇，又称"白土窑"。此窑在宋人洪迈的《夷坚志》中有记载，该书云："邹氏世为远人，至于师孟，徙居徐州萧县之白土镇，为白器窑户总首。凡三十余窑，陶匠数百。"经考古调查发现，该窑始烧于唐代，盛于宋金。唐代有黄釉、黑釉等产品，多为粗糙的日用瓷。宋金以烧白瓷为主，兼烧黑釉、青釉等品种。装饰方法主要为划花、剔花、印花及白地绘黑花。在白土镇曾采集到一件白瓷瓶，瓶身铭有"白土镇窑户赵顺谨施到慈氏菩萨花瓶一对供养本镇南寺时皇统元年三月二十二日造”36 个字，可见至金代萧窑仍具有一定的烧造规模。

宜兴窑 在今江苏宜兴鼎蜀镇。宜兴窑烧制陶瓷的历史相当悠久，早在汉晋时期，就已开始生产青瓷，产品造型和纹饰受越窑影响，胎质较粗，釉色青中泛黄，常见剥釉现象。因窑址分布于均山村的南山上，故有“均山窑”、“南山窑”之称。唐代仍烧造青瓷。宋代开始改烧陶器。明代以生产紫砂器闻名于世。当时出现了供春、时大彬、邵二荪、惠孟臣等制壶名家。此外，还烧制仿元代钧窑的器物，俗称“宜钧”。这类产品的胎有白胎和紫砂胎两种，釉色以天青、天蓝、灰蓝、豆青为主，兼有月白、紫红等色。以明代后期欧子明所制最佳，世称“欧窑”。清以后继续生产紫砂器和宜钧器。清代制作紫砂器的名匠有陈鸣远、惠逸公、杨彭年等。紫砂器的品种增多，除了茶壶外，花盆、陈设品和玩具等亦大量生产。有的微型紫砂壶，高仅 1.7 厘米，甚为名贵。

建窑 在今福建建阳，故又名“建阳窑”。已发现窑址 10 多处。始烧于唐代，盛于宋代，南宋以后衰落。早期烧造青瓷。北宋以生产兔毫纹黑釉茶盏闻名。兔毫纹系釉面条状结晶，有黄、白二色，称金、银兔毫。另有玉毫、异毫、兔毛斑、兔褐金丝等名称。有的结晶状圆斑或窑变的白斑，称鹧鸪斑。也有的黑瓷盏，在圆斑形结晶周围出现蓝色光泽，这种瓷器被日本人称为“曜变天目”，非常珍贵。所产黑瓷，釉不及底，胎较厚，胎料含铁量高达 10％左右，故呈黑色，有“铁胎”之称。宋代盛行斗茶风，茶色以白者为上，黑釉最能衬托茶色，所以黑瓷盏成为理想的茶具。宋人蔡襄的《茶录》云：“茶色白，宜黑盏。建安所造者，绀黑，纹如兔毫，其坯微厚，熁之，久热难冷，最为要用。出他处者，或薄，或色紫，皆不及也。其青白盏，斗试家自不用。”陶穀的《清异录》亦云：“闽中造盏，花纹鹧鸪斑，点试茶家珍之。”此外，宋徽宗赵佶、苏轼、黄庭坚等人的诗文中均提及建窑黑瓷茶盏。可见，建窑黑瓷在北宋已闻名天下。在窑址中发现一些黑瓷盏的外底刻有“供御”、“进琖”字样，这说明，建窑在北宋晚期曾承烧宫廷用瓷。

德化窑 在今福建德化。是东南沿海地区古外销瓷的重要产地之一。已发现古窑址 180 余处，年代早到宋代，晚至清代。宋元时期大量烧制青白瓷，器物以碗类为主，多饰刻花和篦划纹。此外，盒的产量也很大，盖面所印的阳文图案达 100 余种。明代以盛产白瓷著称。由于原料含铁量低，含钾量高，所以瓷器烧成后，釉层滋润光亮，有白玉的质感，在光照之下，隐约呈现出粉红或乳白色,故被赞为"象牙白"、"猪油白"、"奶白"。这种白瓷销往欧洲时，被法国人誉为"鹅绒白"、"中国白"。常见器型有杯、炉、尊、鼎等，其中，梅花杯为典型器。另有达摩、寿星、观音、弥勒佛像和笛、箫等品种。明代还生产一些青花瓷，但在质量上不及景德镇窑的青花瓷。清代继续烧制白瓷和青花瓷。

泉州窑　在今福建泉州。是晋江地区古外销瓷的重要产地之一。在东门外碗窑乡和西门外磁灶乡发现窑址 10 多处。盛烧于宋元时期。以生产青白瓷为主，兼烧青瓷和黑瓷，另烧黑釉、绿釉、黄釉等低温釉军持。童子山窑专烧青黄釉褐色彩绘大盆，纹饰题材为折枝花卉，也有写"寿山福海"和诗句的。

同安窑　在今福建同安。是闽南地区古外销瓷的产地之一。东烧尾窑址的年代最早，唐代烧制青釉厚胎平底碗。宋元时期的窑址分布于汀溪水库、新民乡、许坑等处，其中，汀溪水库窑址的堆积最为丰富。以烧青瓷为主，兼烧青白瓷。宋代青瓷碗、盘内多饰有刻花、篦划纹，器物外壁刻复线，釉色青中泛黄，风格与龙泉窑同类产品一致，日本人称这种青瓷为"珠光青瓷"。元代青瓷盘内印阴文双鱼。青白瓷的纹饰与青瓷相同。

南安窑　在今福建南安。是晋江地区古外销瓷的产地之一。境内已发现唐至清代的窑址 53 处，其中，宋代窑址占多数。大量生产青瓷、青白瓷等。青瓷碗、盘内饰有刻花、篦划纹，器物外壁刻复线，其特征与同安窑相同。青白瓷以各类碗、盘为主，兼有盒等其他品种。

安溪窑　在今福建安溪。是晋江地区古外销瓷的产地之一。在已发现的128 处窑址中，有 23 处属宋元时期，其余为明清时期。宋元时期以烧青白瓷为主，器型有碗、盘、瓶、注子、盒、军持等。盒盖上多印有花纹，线条比德化窑略粗。有的军持施有褐彩，为该窑特色。明代有不少窑场烧制青花瓷，有的盘内底写"一叶得秋意，新春再芳菲"诗句。明末清初，继续生产青花瓷。青花瓷的圈足多粘有沙粒。此外，也烧制红绿彩绘品种。

漳州窑　在今福建漳州地区。是明清时期东南沿海地区生产外销瓷的著名窑口。窑址分布于平和、漳浦、南靖、云霄、诏安、华安等县，以平和的南胜、五寨等地的窑址最为集中和最具代表性。产品中青花瓷占多数，兼有一定数量的五彩（又称"红绿彩"）瓷、白瓷、青瓷以及少量的蓝釉、褐釉、素三彩等品种。装饰题材有珍禽、瑞兽、花草、杂宝、山水、楼阁、人物、吉祥文字等。漳州窑的青花瓷和五彩瓷，在日本曾有"吴州染付"、"吴州赤绘"之称。该窑产品明显受景德镇窑同类瓷器的影响，然质量却逊色得多。

潮州窑　在今广东潮安，此地唐宋时属潮州，故名。始烧于唐代，生产质地较粗的青瓷。宋元时期的窑址分布在南郊、西郊和笔架山。其中，笔架山窑址的烧造规模最大。以生产青白瓷为主，兼烧青瓷和黑瓷。青白瓷的品种繁多，有碗、盘、杯、炉、注子、罐等。喇叭口、细长嘴的注子和浮雕莲瓣纹的炉最具特色。较大的器物（如大盘、大碗等），底足多粘沙。

西村窑　在今广州西村。是广东古外销瓷的产地之一。始烧于宋代，产品有青白瓷、青瓷和黑瓷三种，以青白瓷居多。器物造型丰富，其中凤首壶和刻花折沿大盘具有该窑特色。青瓷印花缠枝菊花纹碗，风格与耀州窑同类产品一致，显然是受到耀州窑的影响。该窑产品主要销往东南亚各国。

永福窑　在今广西永福城厢镇窑田岭一带。是宋代烧造青瓷的窑口。产品有碗、盏、碟、注子、罐等。釉大多为青黄色。碗内印有缠枝、折枝花卉纹，用叠烧法烧制的碗，内底都有五个支烧痕。青瓷印花碗等品种的风格与耀州窑同类产品十分相似，这反映了耀州窑制瓷技术对该窑的影响。

石湾窑　在今广东佛山、东莞、阳江，三地均有石湾村，故名。以佛山的石湾窑最为著名。始烧于宋代，盛于明清。明代仿钧窑瓷釉的产品颇具特色，世称"广钧"。又因器物的胎为陶质而被称作"泥钧"。器型有碗、碟、盏、盆、瓶及文房用具等。胎体厚重，色灰暗；釉厚而光润，有蓝、玫瑰紫、黑、翠绿等色。所创蓝釉中流淌雨点状葱白色的品种，俗称"雨淋墙"，是该窑的杰作。石湾窑陶器在明代中期还不为人们所普遍赏识，但不久就有"石湾瓦，甲天下"之谚。当时的名匠有陈文成、杨名、杨升、可松等。清代除了生产盘、碟、罐、洗、花盆、花瓶等品种外，还大量生产瓦脊等建筑材料和以"渔、樵、耕、读"为主题的陶塑。此外，受德化窑和景德镇窑的影响，又烧制佛像及三彩、五彩等品种。

玉溪窑　在今云南玉溪。始烧于宋代，终于明代。境内发现三处窑址，产品均为青瓷和彩绘青瓷。器型有碗、盘、罐、玉壶春瓶等。装饰有印花、划花两种，印花多为阳文花卉，划花题材为云朵和水波。彩绘纹饰有鱼藻、折枝花卉等。

湘阴窑　在今湖南湘阴。窑场大多沿湘江分布，已发现窑址 20 余处。始烧于东汉，东晋南朝时期发展迅速，隋代为鼎盛期，均以烧制青瓷为主。在南朝窑址中发现了内底印阳文"太官"款的青瓷碗残件，这说明湘阴窑在南朝曾烧制部分宫廷用瓷。隋代产品器身多有印纹装饰，仅青瓷豆内的印花纹样就有 30 多种。唐宋时，继续生产青瓷。铁角嘴唐代窑址的产品多施化妆土，釉色有黄和青灰两类。白枚及乌龙嘴窑址中，有不少宋代的青瓷印花碗，印花题材有鱼、缠枝牡丹、莲花和"福寿嘉庆"、"金玉满堂"等吉祥语。此地唐代属岳州，故就是《茶经》记载的岳州窑所在。

长沙窑　在今湖南长沙铜官镇一带。共发现窑址 10 多处。始烧于唐代，晚唐为全盛期，唐末以后衰落。为唐代重要的瓷器产地之一。产品以青瓷为主，兼烧少量的褐釉、赭釉、绿釉、白釉和极少数的红釉品种。装饰有釉下彩绘、印花、贴花和彩斑等几种。釉下彩绘为其特色。褐彩以氧化铁（Fe_2O_3）为呈色剂，绿彩以氧化铜（CuO）为呈色剂。氧化铜在还原焰中被还原为氧化亚铜（Cu_2O）及纯铜而呈红色。绘画题材有人物、禽鸟、花卉等。有不少器物上带褐彩题字。用彩斑作装饰的亦较普遍。注子、罐的腹部多饰贴花，题材有人物、鸟兽、园景、双鱼和椰枣等，贴花上多施有褐斑。长沙窑釉下彩绘对宋代白地黑花和元代青花、釉里红瓷的发展具有重要的影响。长沙窑瓷器在外销瓷中占有较大的比重。朝鲜半岛曾出土题有"卞家小口天下有名"、"郑家小口天下第一"字样的注子。在今日本、印度尼西亚、巴基斯坦、伊朗、泰国等地都出土了长沙窑瓷器。

邛窑　在今四川邛崃，此地唐代属邛州，故名。又称"邛崃窑"。窑址分布于什邡堂、尖子山、瓦窑山、大鱼村等地，以什邡堂最为集中。是川西地区著名的唐代瓷窑之一。早在南朝时期就开始生产青瓷，唐代为极盛期，五代继续烧制瓷器，北宋以后衰落。唐五代所产瓷器，有青釉、青釉褐绿斑、青釉褐彩等品种。器物造型多样，有碗、盘、洗、省油灯、注子、瓶、罐等，同时烧制各种瑞兽、禽鸟、杂技俑、胖娃等小件雕塑。产品风格与长沙窑有不少相似之处，但该窑器物胎质较粗，故多施化妆土。

赤峰窑　在今内蒙古赤峰缸瓦窑村，又名"缸瓦窑"。为辽代陶瓷的重要产地。所烧器物有白瓷、白地黑花瓷和三彩、颜色釉陶器。以生产白瓷为主，器型有碗、盘、杯、注子、罐等。三彩陶器以印花盘为多，黄釉产品有鸡冠壶和凤首瓶。赤峰辽应历九年（959）驸马墓出土的白瓷碗、盘，铭有"官"字，在窑址中也发现带"官"、"新官"铭文的窑具，这说明赤峰窑曾承烧过部分贡瓷。

淄博窑　在今山东淄博。窑址分布于寨里、磁村等地。寨里窑为北朝生产青瓷的窑口。产品胎较薄，呈灰白色，釉有青褐色、青黄色两大类，兼烧铅釉陶器。常见器型有碗、盘、缸等。在窑址中曾发现莲花尊残片。磁村窑在唐代以烧黑瓷为主，兼烧青釉、赭釉等品种。北宋以烧白瓷为主，装饰方法为剔花、刻花。金代出现篦划、绞胎、白地黑花、白釉红绿彩等新装饰。元以后渐趋衰落。

柴窑　相传设于五代周世宗柴荣在位时，故名。最早记载此窑的是明洪武二十一年（1388）成书的《格古要论》，该书云："柴窑器出北地河南郑州。世传周世宗姓柴氏，时所烧者，故谓之柴窑。天青色，滋润细腻，有细纹，多是粗黄土足，近世少见。"成书于明宣德三年（1428）的《宣德鼎彝谱》将柴窑列于各窑之首。明中期以后的《玉芝堂谈荟》、《清秘藏》、《事物绀珠》、《筠轩清闷录》、《五杂俎》、《博物要览》、《长物志》、《调燮类编》、《遵生八笺》等书均论及此窑，但说法不一。徐应秋的《玉芝堂谈荟》记载："陶器柴窑最古，今人得其碎片，亦与金璧同价。盖色既鲜碧，而质复莹薄，可以妆饰玩具。而成器者，不可复见矣。世传柴世宗时，烧造所司，请其色，御批云：

'雨过青天云破处，这般颜色做将来。'惜今人无见之耳。"高濂的《遵生八笺》云："论窑器，必曰柴、汝、官、哥。然柴则余未之见，且论制不一，有云'青如天，明如镜，薄如纸，声如磬'。是薄磁也。而曹明仲则曰：'柴窑足多黄土。'何相悬也？"现代有人根据文献所谓柴窑瓷器的四个特征，认为柴窑瓷器即景德镇窑青白瓷。但是，青白瓷既不烧于五代，又无"细纹"、"粗黄土足"的特征，况且，景德镇窑青白瓷的产量很大，到处都有，这与"近世少见"的说法也不符。显然，柴窑与所谓的"董窑"、"东窑"一样，均为古玩爱好者杜撰的窑名，借以附会某种难以识别的古代瓷器，经文人学士以讹传讹，互相抄袭，妄加渲染，于是更令后人迷惑不解。

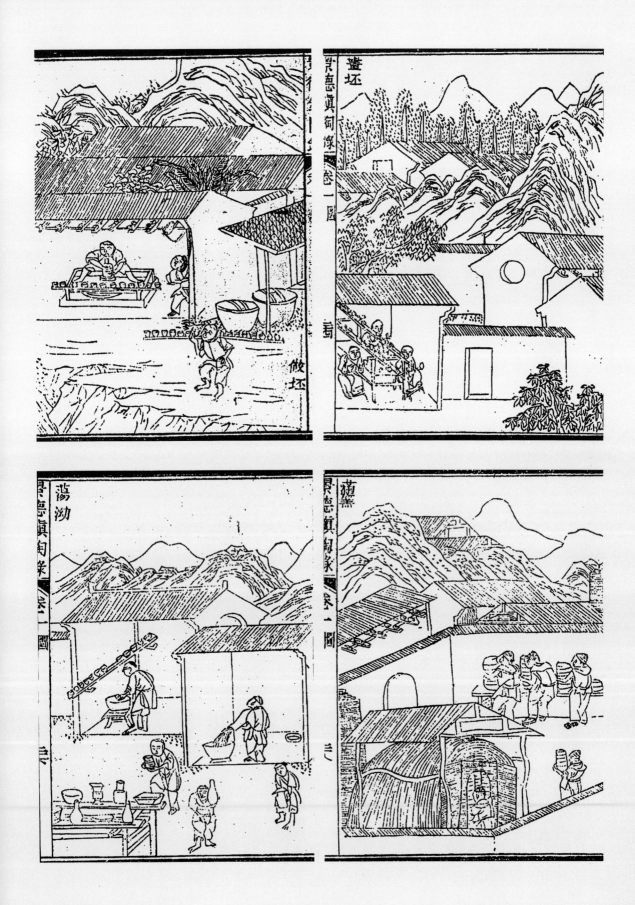

古陶瓷工艺学名词浅释

陶 陶器和其他陶制品的统称。从理论上讲，当人类学会使用火的时候，就已经对黏土经火烘烤后变硬的现象和规律有所认识。随着人类的进步，陶器便被发明并广泛用于生产、生活。陶的烧成温度一般在1000℃以下，制作原料除了普通黏土外，亦有瓷土、高岭土和特殊黏土。陶的吸水率较高。表面通常不施釉或施低温釉。因坯胎烧结度低，故击之声音不清脆。新石器时代的陶器有灰陶、红陶、彩陶、黑陶、白陶等。除了各类日常生活用具外，还有纺轮、埙、雕塑等。新石器时代以后，制陶业继续发展，从未间断。商周时烧制的陶质建筑构件，在古代建筑史上占有重要的地位。此后，砖、瓦等陶制品成为历代建筑的主要组成部分。秦汉时期，低温铅釉陶为数甚多，釉色有赭黄、栗黄、茶黄、棕红、深绿、翠绿等，有些铅釉陶在土中久埋后，表面出现光亮的"银釉层"，别具一格。唐代陶器中以所谓的"唐三彩"最为著名。这种陶器是在素烧的坯胎上施以黄、绿、蓝、红、赭等色的低温铅釉，经800℃左右的温度焙烧而成，色彩斑驳瑰丽。三彩即多彩之意，故名。产品有瓶、罐、灯、碗、盘和各种雕塑等。其中，人物俑、马、骆驼神态生动，富有很强的艺术性。唐以后，低温釉陶盛烧不衰。明代山西的法华以及宜兴窑、石湾窑的釉陶，色彩绚丽，皆为名品。明清宜兴窑烧制的紫砂器，亦闻名天下。

瓷 瓷器和其他瓷制品的统称。它是制陶业发展到一定阶段时的产物。瓷器的产生，经历了夏商的滥觞时期和西周至西汉的过渡阶段，到东汉时成熟瓷器烧制成功。瓷的烧成温度一般在1200℃以上，制作原料主要是瓷土或瓷石，表面通常施有高温釉，烧成后，具有较高的机械强度，吸水率多在0.5%

以下。上虞窑东汉青瓷标本经测试，烧成温度达1310±20℃，吸水率最低的为0.16%（达到现代细瓷的吸水率标准），抗弯强度最高的超过每平方厘米710公斤，这表明东汉上虞窑的青瓷已达到或超过现代日用瓷的各项标准。东汉以后，制瓷业蓬勃发展。三国两晋南北朝时期，越窑烧造规模最大，瓷器造型多样，胎质细腻，釉色青润。此外，瓯窑、婺州窑、宜兴窑也大量生产青瓷。唐代全国各地相继建立了不少瓷窑，以南方的越窑青瓷和北方的邢窑白瓷为代表形成了"南青北白"的局面。同时，北方一些窑口还生产别的瓷器品种，如：鲁山窑的花釉瓷，淄博窑的黑瓷等。五代制瓷业在唐代的基础上不断发展。值得一提的是，越窑在这一时期还生产用于建筑的瓷质筒瓦、板瓦、砖等。宋代制瓷业空前繁荣，瓷窑遍布长江南北。定窑白瓷，官窑青瓷，耀州窑青瓷，景德镇窑青白瓷，磁州窑白地黑花瓷，龙泉窑青瓷，建窑黑瓷，吉州窑玳瑁斑、木叶纹、剪纸贴花黑瓷等，都各具特色。金元时期的钧窑瓷器，在北方窑业产品中一枝独秀。元以后景德镇窑逐渐成为全国的制瓷中心，名瓷大量涌现。元代除了烧制"枢府瓷"外，青花、釉里红也很名贵。明代青花瓷获得进一步发展，并出现了永乐鲜红釉、甜白釉、成化斗彩、弘治黄釉、正德素三彩、万历五彩等珍贵品种。清代康熙、雍正、乾隆时期，制瓷工艺登峰造极，瓷器品种应有尽有。康熙年间烧成的珐琅彩、粉彩、郎窑红、豇豆红，雍正时生产的茶叶末、鳝鱼黄、墨彩，乾隆时仿照禽鸟、海螺、干鲜果品等烧造的象生瓷，均为绝代佳作。故康熙、雍正、乾隆时期有古代制瓷业的"黄金时代"之谓。

青瓷　施青色高温釉的瓷器。釉料中的主要呈色剂是氧化铁（Fe_2O_3），含量为2%左右。釉由于氧化铁含量的多少、釉层的厚薄和氧化铁还原程度的高低等原因，而呈现出深浅不一、色调不同的颜色。青瓷是古代制瓷业中历时最久的一个品种。出现于夏商，因制作工艺粗陋，故称"原始青瓷"。西周至春秋战国时期，原始青瓷取得了长足的进步，不少器物烧结度较高，胎釉结合牢固，釉色青中泛黄，有人将这种原始青瓷称作"早期青瓷"。到了东汉，上虞窑创烧出成熟青瓷，推动了古代青瓷生产的发展。三国至南北朝时期，烧造青瓷的窑口有越窑、瓯窑、婺州窑、洪州窑、湘阴窑、宜兴窑、巩县窑、淄博窑等。隋代，安阳窑、巩县窑、贾壁村窑、寿州窑等一些瓷窑也生产一定数量的青瓷。唐五代时期，烧造青瓷的窑增多，其中较著名的为越窑、婺州窑、岳州窑、寿州窑、洪州窑等。宋元时期，青瓷烧造规模较大的有龙泉窑、耀州窑、临汝窑和福建、广东沿海的一些窑。此外，宋代官窑生产的天青釉、粉青釉瓷器，代表了当时青瓷制作工艺的最高水平。明代青瓷多为龙泉窑所产。龙泉窑衰落后，景德镇窑仍生产部分青瓷，其中以康熙年间烧制的冬青釉瓷器最为成功。

黑瓷　施黑色高温釉的瓷器。釉料中氧化铁（Fe_2O_3）的含量多在 5% 以上。商周时期就已出现原始黑瓷。东汉时期，上虞窑烧制的黑瓷，施釉厚而均匀，釉色有黑、黑褐等几种。东晋南朝时期，越窑、瓯窑、德清窑等窑口都烧制黑瓷，以德清窑所产较为著名。至宋代，黑瓷品种大量出现。定窑生产的黑瓷，胎骨洁白而釉色乌黑光亮。建窑烧制的黑瓷，因釉中析出大量的氧化铁结晶，形成了兔毫、鹧鸪斑、曜变等纹样，颇为珍贵。吉州窑的玳瑁斑、木叶纹、剪纸贴花黑瓷，以及河南、山西等地一些瓷窑生产的黑瓷，也很有特色。日本人称中国古代黑瓷为"天目"，并根据不同的纹样和色泽等，分别将宋金各种黑瓷称为"曜变天目"、"油滴天目"、"玳皮天目"（旧称"玳玻天目"）、"木叶天目"、"柿天目"、"河南天目"、"虹天目"、"文字天目"、"灰被天目"、"禾目天目"、"梅花天目"、"鸾天目"、"龙天目"、"唐花天目"、"斑天目"、"秋叶天目"、"珠光天目"、"夕阳天目"、"埋火天目"等。另将朝鲜半岛、日本古代烧造的黑瓷分别称作"高丽天目"、"濑户天目"。

白瓷　施透明或乳浊高温釉的白色瓷器。它是在烧制青瓷的基础上出现的。当窑匠们掌握了氧化铁（Fe_2O_3）在釉中的呈色规律后，有意识地降低釉中氧化铁的含量，于是便烧造出了白瓷。河南巩县窑在北魏时已开始烧造白瓷。河南安阳北齐武平六年（575）范粹墓出土的白瓷，在制作工艺上有了较大的改进。隋代白瓷已较为多见，质量明显比以前提高。陕西西安隋大业四年（608）李静训墓出土的白瓷，胎质细腻洁白，釉面莹润，颜色纯正。这一时期生产白瓷的窑址已在河南、河北境内发现。唐代白瓷生产十分发达，北方许多窑口均大量烧制白瓷，其中较著名的有河北的邢窑、定窑，河南的巩县窑、鹤壁窑、密县窑、登封窑、郏县窑，山西的浑源窑、平定窑、交城窑，安徽的萧窑等。五代至宋金时期，北方各窑继续烧造白瓷。与此同时，南方的景德镇窑、赣州窑、南丰窑、吉州窑、德化窑、泉州窑、同安窑、潮州窑、西村窑、惠阳窑等窑口均大量生产白瓷（俗称"青白瓷"）。元代白瓷生产规模缩小，以景德镇窑烧制的"枢府瓷"为最佳。明清时期，白瓷生产主要集中于景德镇和德化两地。明代永乐年间景德镇窑烧制的"甜白"瓷和明代德化窑烧制的"象牙白"（或称"猪油白"、"奶白"）瓷，登上了白瓷烧制工艺的顶峰。应当指出，古代白瓷大多靠透明釉下的白胎呈色，有些窑口的胎料粗糙、呈色较深，在制作时先在坯胎外表涂一层白色化妆土，然后再施透明釉烧成白瓷，严格地讲，将这种白瓷的釉称作"白釉"，是不科学的。只有那种乳浊而呈白色的釉，才可称为"白釉"。

颜色釉瓷　各种施单一颜色高温釉的瓷器的统称。这些瓷器釉中的主要呈色剂为氧化铁（Fe_2O_3）、氧化铜（CuO）、氧化钴（CoO）等。以氧化铁为呈色剂的品种有青釉、黑釉、褐釉、黄釉等，其中以唐五代越窑的青釉、宋代官窑的青釉、南宋龙泉窑的粉青釉和梅子青釉、宋代建窑的黑釉、清康熙景德镇窑的冬青釉等最为著名。以氧化铜为呈色剂的品种有元代钧窑的海棠红釉和玫瑰紫釉、明代景德镇窑的永乐鲜红釉和宣德宝石红釉、清康熙景德镇窑的郎窑红釉和豇豆红釉等。以氧化钴为呈色剂的釉呈深浅不一的蓝色，施这种釉的瓷器主要为元以后景德镇窑所产。此外，黄绿色含铁结晶釉亦属颜色釉范畴。施这种结晶釉的瓷器，唐代耀州窑已大量生产，釉色黄绿相间，俗称"茶叶末"。清代前期景德镇窑烧制的此类瓷器，有"蟹壳青"、"鳝鱼黄"、"蛇皮绿"、"鼻烟"、"鳖裙"、"新橘"、"黄斑点"、"老僧衣"等称谓。

彩瓷　釉下彩和釉上彩瓷器的统称。釉下彩瓷器是先在生坯上用色料进行装饰，然后再施青釉或无色透明釉，入窑高温烧成。釉下褐彩青瓷至迟在三国已经出现。东晋南朝时期，越窑少量生产釉下褐彩青瓷。唐代长沙窑、邛窑以大量烧造釉下褐、绿彩瓷器著称。宋代磁州窑和吉州窑等窑口烧制出白地黑花、白地赭褐色花纹的瓷器。元代景德镇窑烧制的青花、釉里红瓷，发展了釉下彩工艺技术。此后，青花瓷成为明清两代瓷器生产的主流。釉上彩是在烧成的瓷器上用各种色料绘制图案，再经低温烘烤而成。宋代的磁州窑、禹县扒村窑均烧制白地黑花加绘红、绿、黄彩纹的碗、盘和人像等，定窑则有在白瓷上加绘红彩的品种，俗称"宋加彩"。元明清三代景德镇窑釉上彩制作工艺水平不断提高，出现了金彩、斗彩、五彩、素三彩、珐琅彩、粉彩、黑彩、杂彩等许多新品种。以清康熙、雍正、乾隆时期所取得的釉上彩技术成就最为辉煌灿烂。

青花　釉下彩品种之一。亦称"白釉蓝花"。旧时日本人称之为"染付"。是在白色生坯上用含氧化钴（CoO）的色料进行装饰，然后施透明釉，经高温焙烧而成。青花瓷至迟在唐代已经开始烧制。江苏扬州唐城遗址曾出土一些青花瓷残片，研究表明，这些唐青花为巩县窑所产。印度尼西亚海域"黑石号"沉船出水有唐巩县窑青花盘。宋代青花瓷仍有少量烧制。元代景德镇窑生产青花瓷的技术达到了较高的水平。明代青花瓷的产量颇大，制作工艺进一步提高。清代青花瓷仍是瓷器的主要品种。元至明早期，景德镇窑绘制青花用的原料从波斯进口，称"苏麻离青"，一名"苏尼勃青"，色泽浓艳，并有银褐色结晶斑。明成化至嘉靖中期，使用江西乐平出产的"陂塘青"（又称"平等青"），青花呈色柔和淡雅。明晚期，使用西域出产的"回青"，因这种原料中含有较多的氧化锰（MnO），故青花蓝中泛紫。清代前期使用的青花原料，产于云南的宜良、嵩明、会泽、师宗、宣威、富源等地，称"珠明料"，所绘花纹青翠而鲜亮。青花瓷白蓝相映，纹饰素雅而又清新明快，颇受世人喜爱。元代青花瓷曾销往日本、印度、马来西亚、土耳其、伊朗、印度尼西亚等国。明清时期，青花瓷还大量输入欧洲各国。

釉里红　釉下彩品种之一。是在瓷器生坯上用含氧化铜（CuO）的色料进行装饰，然后施透明釉，经高温焙烧而成。因釉下的纹饰呈红色，故名。早在唐代长沙窑中就已出现釉下红彩的产品，不过，当时长沙窑在烧瓷时多用氧化焰，所以氧化铜色料在釉下一般为绿色，仅有少量器物上的氧化铜色料经还原焰焙烧而呈红色。元代景德镇窑烧制出了白地釉里红瓷器，同时有青花与釉里红相结合的制品。明清两代釉里红产品增多，以明宣德和清康熙、雍正时期所烧最佳。

  斗彩 又称"逗彩"。釉下青花与釉上彩相结合的瓷器品种。是在瓷器生坯上用青花色料勾绘出花纹轮廓，施透明釉，经高温烧成后，再于轮廓内填上红、黄、绿、紫等多种色彩，经低温烘烤而成。唐代巩县窑烧制的釉下青花与釉上黄彩相结合的瓷器，可谓其鼻祖。宋金时期磁州窑等烧造的釉下黑彩和釉上红、绿、黄彩相结合的品种，使斗彩装饰又向前迈进了一步。明宣德年间景德镇窑出现了釉下青花和釉上彩相结合的工艺，成化年间这种工艺已经成熟。装饰技法除了填彩外，还有点彩、加彩、染彩等数种。以"天"字罐、鸡缸杯、高士杯、三秋杯、童戏杯、葡萄杯等最为珍贵。此后斗彩瓷器继续烧造，至清雍正时还出现了釉下青花与釉上粉彩相结合的品种，但跟成化斗彩相比，均显得逊色。

  五彩 釉上彩品种之一。又称"硬彩"。是在已烧成的白瓷上用红、绿、黄、紫等各种彩料绘制图案，再经低温烘烤而成。宋代出现的釉上加彩，实际上就是五彩的先声。明宣德年间景德镇窑烧制出五彩瓷器。但早期五彩以红、绿、黄三色为主。成化斗彩，亦被称为"青花间装五彩"。嘉靖、万历年间烧成的五彩瓷器，是明代五彩的代表作，其特点是釉下青花与釉上多种色彩相结合，颇为富丽。清代五彩以康熙时期烧制的器物最负盛名。康熙五彩中的蓝色系用釉上蓝彩取代了以往的釉下青花，同时，金彩和黑彩也大量出现于五彩画面，增加了彩画的艺术感染力。康熙五彩以民窑产品为多，纹饰生动活泼，题材广泛，人物、山水、花鸟、草虫等应有尽有，色彩浓艳。后因粉彩瓷器的盛行而渐渐衰落。

  粉彩 釉上彩品种之一。创烧于清康熙晚期的景德镇窑。雍正年间所烧的粉彩瓷器最为精致。是在烧成的素瓷上用含氧化砷（As_2O_3）的"玻璃白"打底，再用各种彩料渲染绘画，经低温烘烤而成。色彩丰富，层次分明，色调淡雅柔和，故又名"软彩"。色料中的红彩多以黄金为呈色剂，因原料从海外进口，所以称为"洋红"，或称"胭脂红"。此外，有"洋黄"、"洋绿"、"洋白"等色。雍正粉彩不仅在白地上进行彩绘，而且有各种色地的彩绘，如：珊瑚红地彩绘、淡绿地彩绘、赭地彩绘、墨地彩绘等。乾隆以后继续烧造。是清代釉上彩瓷器的主流。

珐琅彩　釉上彩品种之一。又名"瓷胎画珐琅"。是在烧成的白瓷上用珐琅料作画，经低温烘烤而成。其主要成分为硼酸盐和硅酸盐，在不透明的、白色易熔的珐琅料中配入不同的金属氧化物，烘烤后即呈现各种颜色。珐琅彩瓷器始烧于康熙年间，属宫廷用瓷。先由景德镇窑烧成瓷坯或白瓷，再在清宫内务府造办处珐琅作彩绘烧成。这种瓷器的胎具有薄、轻、坚、细、洁五个特点。多在器物外壁以黄、绿、红、蓝、紫等色彩作地，再彩绘缠枝牡丹、月季、莲花、菊花等图案。由于彩料较厚，故纹饰有凸起之感。雍正时，一般是在烧成的白瓷上进行彩绘，在装饰上改变了康熙时单调的花卉图案，而代之以花鸟、山水、竹石等。乾隆时，有些珐琅彩的图案完全仿照西洋画意。珐琅彩的创烧具有重要意义，康熙晚期的粉彩就是受其影响而发展起来的。

制瓷工序　指制作瓷器的工艺过程。大体上有取土、原料加工（包括粉碎、淘洗、沉淀、练泥、陈腐）、成型、修坯、装饰、施釉、烧成等几个过程。

练泥　是制瓷原料加工过程中的一道工序。由于经初步加工的泥料组织不均匀，并含有很多气泡，不仅可塑性较低，而且还会影响产品质量，所以需要经过反复翻扑或敲打、踏练。经过练泥，原料的组织变得细密均匀，改善了成型性能。

陈腐　是制瓷原料加工过程中的一道重要工序。俗称"储泥"或"困泥"。系将泥料堆放于无日照、不通风的室内，在一定的温度和湿度中储存一年左右，然后再用来制坯。泥料在储存过程中发生氧化和水解反应，因胶质增多而改善了可塑性，同时，泥料中的有机物质被腐烂分解，可减少坯胎在焙烧过程中的发泡现象，这对提高瓷器质量来说颇为重要。

成型　将加工好的泥料用各种方法制成具有一定形状和尺寸的坯件。古代陶瓷常用的成型方法有泥条盘筑（早期大件器物）、快轮拉坯、范制、捏塑等。小件圆形器（如碗、盘、钵、碟等）用快轮拉坯法直接成型。瓶、罐、壶等器物，用快轮拉坯法分段拉成，然后再粘接成整器。西晋越窑的部分狮形器等，先用陶范制成两半，再粘为一体。各种实心的人像和动物等，多采用捏塑法成型。但不少器物往往需要用两种以上的方法才能成型，例如：鸡首壶的器身用快轮拉成，嘴用范制成，柄用捏塑法制成，最后组合成整器。

修坯 对已成型的坯件进行修整。分干修和湿修两种。干修因坯件经干燥后含水分很低，故在修整时不易变形。湿修时坯件极易变形。修坯包括对坯件进行表面修平、磨光和挖足、钻孔等几个方面。

装饰 美化瓷器的重要手段。一般是在瓷坯入窑前对其进行纹饰的添加，增强器物的审美效果。常见装饰技法有印花、刻花、划花、镂空、贴花、剔花、绘画等。装饰用的工具为印模（或范）、刻刀、划针、剔刀、毛笔等。除了釉上彩以外，其他装饰均在施釉前进行，而印花则是在坯件半干半湿时进行。汉代瓷器上的印纹，是用带有各种图案的工具拍印而成。三国西晋瓷器上的网格带纹，是用滚模压印而成，联珠纹通常是用齿口圆管戳印而成。贴花是先用陶范制成带图案的坯片，然后贴在瓷坯的一定部位，越窑早期青瓷上的铺首、佛像、人物、禽兽和长沙窑、龙泉窑等部分产品上的浮雕状纹饰即用此法制成。刻花是用平刃或斜刃刻刀在坯体上刻出各种图案，这种纹饰的特点是凹凸分明，层次感较强。唐宋时期的越窑和宋代的耀州窑、临汝窑、定窑、景德镇窑、龙泉窑等均生产大量的刻花瓷器。划花是用划针在坯体上划出各种不同的花纹，呈阴文线条状。釉下彩和釉上彩的主要装饰工具为毛笔，图案、文字往往具有绘画和书法的艺术效果。

施釉 亦称"上釉"、"挂釉"、"罩釉"等。指在陶瓷坯件表面施以瓷土（或陶土）、助熔剂加水调和成的泥浆。这层物质经焙烧后即变为光亮、坚硬的釉层。古代施釉方法有刷釉、洒釉、蘸釉、荡釉、浇釉等多种。明清景德镇窑部分瓷器采用喷釉、吹釉、轮釉等方法施釉，器物釉层厚薄均匀。

烧成 是制作陶瓷的最后一道工序。分一次烧成和二次烧成（釉上彩瓷器）两类。将陶瓷坯件装入窑炉中，用一定的温度和烧成气氛进行焙烧，焙烧时，胎、釉发生一系列的物理变化和化学反应，使制品获得所需的强度、光泽、釉色和其他性能，这一过程称作烧成。

瓷土 制作瓷器的原料。亦指粉碎瓷石所得之土或人工配制成的制瓷原料。由高岭土、石英、长石等组成。主要成分是氧化硅（SiO_2）、氧化铝（Al_2O_3），并含有少量的氧化钙（CaO）、氧化镁（MgO）、氧化钾（K_2O）、氧化钠（Na_2O）、氧化铁（Fe_2O_3）、氧化钛（TiO_2）、氧化锰（MnO）、氧化磷（P_2O_5）等。熔度的高低与所含助熔物质（如 CaO、K_2O、Na_2O 等）的多寡成反比，一般为 1100℃—1350℃。

瓷石　制作瓷器的原料。由石英、长石、绢云母、高岭石等组成，完全风化后就是通常所见的瓷土。制作瓷器用的瓷石，多呈半风化状，经粉碎、淘洗、沉淀成为制坯原料。古代许多瓷窑均使用瓷石制作瓷器。

高岭土　一种以高岭石为主要成分的黏土。也称"瓷土"。因发现于江西景德镇的高岭村而得名。国际上称之为"Kaolin"。外观一般呈白色或灰白色，光泽暗淡。硬度 1，比重 2.58—2.60。纯粹的高岭土含氧化硅（SiO_2）46.51%、氧化铝（Al_2O_3）39.54%、水（H_2O）13.95%，熔度为 1780℃，是制作陶瓷的重要原料。但因高岭土可塑性差、熔点高，所以单纯用高岭土是不能制成瓷器的，一般需掺入其他原料方可用于制作瓷器。

石英　陶瓷原料的主要成分。是自然的结晶氧化硅（SiO_2）。又名"硅石"。单晶体呈六方柱状，通常为晶簇状、粒状、块状集合体。颜色不一，无色的称"水晶"，乳白色的称"乳石英"或"玉髓"，浅红色的称"蔷薇石英"，紫色的称"紫水晶"，黄褐色的称"烟晶"和"茶晶"，黑色的称"墨晶"。具玻璃光泽，硬度 7，比重 2.65—2.66，熔度为 1730℃。粉碎后无黏性，故可降低陶瓷原料的黏度。古代陶瓷原料中的石英颗粒多为自然形成。

长石　陶瓷原料的重要成分。以氧化硅（SiO_2）和氧化铝（Al_2O_3）为主，并夹杂钠、钾、钙等金属氧化物。用含有较多长石的原料制成的瓷器，胎质坚硬，呈半透明状，吸水率低，机械强度高，并具有良好的化学稳定性。

紫金土　制瓷原料之一。多呈红褐、土红、褐黄等色。化学成分与瓷土基本相同，但氧化铁（Fe_2O_3）含量较高，一般达 5% 以上，并含有较多的助熔物质，所以熔点通常较低，唯有氧化铝（Al_2O_3）含量较高者例外。被用作胎、釉的呈色原料。南宋官窑瓷器多用紫金土做胎，于是形成了"紫口铁足"的特征。历代含铁颜色釉的原料中常掺有一定比例的紫金土，烧成后呈现青、黄、褐、红褐、黑等颜色。

莫来石　一名"富铝红柱石"。天然的莫来石产于苏格兰的莫尔岛（Mull）等地，故名。化学组成为氧化铝（Al_2O_3）71.80%，氧化硅（SiO_2）28.20%。

无色，比重3.15，熔度为1910℃。含杂质的莫来石呈玫瑰红或蓝色。在烧制高铝耐火材料和陶瓷时生成的莫来石，为柱状或针状晶体，对增加制品的强度起很大的作用。

陶钧　又称"陶车"、"转轮"，一名"辘轳"。系陶瓷成型的主要工具。由旋轮、轴、轴承、套筒、荡箍等组成。旋轮通常为木质，背面中心处嵌入耐磨的轴承（汉代以后多为瓷质），搁置在插入土中的轴上，套筒和荡箍起平衡、定位作用。制坯时，拨动旋轮，使之凭惯性快速旋转，然后用手将置于旋轮中央的泥料拉成各式各样的坯件。陶钧也用于修坯、装饰等工序。

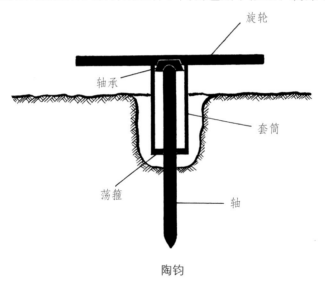

陶钧

釉　又作"泑"、"油"、"锈"等。系陶瓷表面具有玻璃质感的光亮层。由瓷石、瓷土（或陶土）和助熔剂组成。前者的主要成分为：氧化硅（SiO_2）、氧化铝（Al_2O_3）、氧化铁（Fe_2O_3）、氧化钛（TiO_2）、氧化钙（CaO）、氧化镁（MgO）、氧化钾（K_2O）、氧化钠（Na_2O）、氧化锰（MnO）、氧化磷（P_2O_5）等。因助熔剂的不同，可分为高温釉和低温釉两大类。高温釉主要有石灰釉和石灰碱釉两种。石灰釉以氧化钙（CaO）等为助熔剂，氧化钙的含量多在10％以上，最早出现于夏商的原始瓷上，是古代瓷釉的主要种类。唐以前各窑瓷器多施这种釉，其特点是光泽较强、硬度高。唐五代以后，石灰碱釉瓷器大量出现。石灰碱釉以氧化钙和氧化钾（K_2O）、氧化钠（Na_2O）等为助熔剂，其中，氧化钙的含量多在 10％以下，而氧化钾、氧化钠等碱性金属氧化物的总含量常达 4％以上，这种釉的高温黏度大，乳浊性强，不易垂流，故可施得较厚。宋代官窑、南宋至明代龙泉窑等窑口的部分产品均施石灰碱釉。低温釉通常以氧化铅（PbO）为助熔剂，多施于陶器表面。秦汉时就大量烧制这种铅釉陶。唐代的三彩、宋代的低温颜色釉均属此类。明代的五彩和清代的粉彩亦以氧化铅为助熔剂。清代的珐琅彩则以硼酸（H_3BO_3）和氧化铅为助熔剂。陶瓷表面施釉，既提高了器物的光洁度、机械强度和耐腐蚀性，又增加了器物的审美价值，所以，古代施釉的陶瓷器往往是实用与艺术的统一体，或是仅供观赏的陈设品。

开片　又称"纹片"。指陶瓷釉面的各种裂纹。这种裂纹通常在焙烧冷却阶段因胎、釉收缩率不同而出现，也会在陶瓷制品出窑后因胎釉中储存的应力受温度变化和震动等影响缓慢、间歇地释放而产生。宋代乳浊釉青瓷的开片因具有不同的特征，故后人谓之"冰裂纹"、"鱼子纹"、"蟹爪纹"、"百圾碎"、"梅花片"、"文武片"等。开片本是一种工艺缺陷，元以后的窑匠巧妙地利用这种开片美化瓷器，使之增添了特殊的审美价值。哥窑瓷器的开片大、小相结合，大片纹呈黑褐色，小片纹呈黄色，有"金丝铁线"之称。明清景德镇窑烧制一定数量的仿官、哥瓷器。

化妆土　又称"陶衣"，一名"护胎釉"。是在质地粗糙或颜色较深的瓷坯表面所施的一层白色瓷土。因这层介于胎、釉之间的瓷土具有美化瓷器的作用，故名化妆土。婺州窑早在西晋时就已开始使用化妆土。隋、唐、宋、金时期，北方许多窑口均采用施化妆土的方法提高产品的质量。

烧成温度　又称"火候"。烧成陶瓷制品所需温度的统称。一般来说，陶器（施低温釉者例外）烧成温度的波动范围很大，为 700℃—1000℃，某些陶器（如紫砂）的烧成温度可达 1200℃左右。而瓷器的烧成温度通常在 1200℃以上的较小范围内。确切地说，瓷器的烧成温度是指焙烧瓷器时在器物不变形的情况下胎釉充分烧结所需的最佳温度。瓷器在这种温度中烧成，称"正烧"。陶瓷器在焙烧时因温度过高而变形，称"过烧"。瓷器在焙烧时因温度偏低而坯胎未能烧结，称"生烧"。

烧成气氛　指焙烧陶瓷的火焰性质，有氧化焰、还原焰、中性焰三种。氧化焰，又称"氧化气氛"，是燃料充分燃烧时产生的一种火焰，燃烧产物主要是二氧化碳（CO_2）和过剩的氧（O_2）。还原焰，又称"还原气氛"，是燃料在缺氧燃烧时产生的一种火焰，燃烧产物含有大量的一氧化碳（CO）及二氧化碳、碳化氢等，其中，一氧化碳具有极强的夺氧能力，可将处于熔融状态的釉中的氧化铁（Fe_2O_3）、氧化铜（CuO）的氧原子夺走而使之还原为氧化亚铁（FeO）、氧化亚铜（Cu_2O）及纯铜。中性焰是理论上介于氧化焰和还原焰之间的一种火焰，燃料既充分燃烧而又没有过剩的氧。但燃料在燃烧时的火焰性质极不稳定，故绝对的中性焰是不存在的。烧成气氛对陶瓷的呈色影响颇大，如：陶器在氧化焰中烧成，多呈红、褐等色；在还原焰中烧成，则呈灰、黑等色；以氧化铁为呈色剂的青瓷釉，用氧化焰烧成，釉色发黄，用还原焰烧成，釉色偏青；宋代定窑白瓷和景德镇窑白瓷釉中含有大致相等的氧化铁，定窑白瓷多用氧化焰烧成，釉色一般白里泛黄，而景德镇窑白瓷多用还原焰烧成，釉色普遍泛青，故被称作"青白瓷"；以氧化铜为呈色剂的瓷釉，用氧化焰烧成，釉呈绿色，用还原焰烧成，釉为红色；青花瓷在氧化焰中烧成，青花色泽灰暗，在还原焰中烧成，青花色泽鲜艳。此外，还原焰对瓷器的起源也具有重要意义，因为原始瓷胎中含有较多的氧化铁，在还原焰中焙烧时，氧化铁被还原为氧化亚铁，而氧化亚铁具有较强的助熔作用，所以坯胎就在当时较低的窑温中基本烧结。

二次氧化　陶瓷在还原焰中焙烧时，若后阶段不能继续维持还原焰，那么，胎釉中被还原的氧化亚铁（FeO）则会重新被氧化为氧化铁（Fe_2O_3）；在停火时，空气过早进入窑内，也会使器物露胎处被还原的氧化亚铁重新氧化而呈红、紫红等色，这种现象称作二次氧化。

二次烧成　一些陶瓷器在制作时，先将坯件焙烧为素器，再施釉或加彩，然后入窑烧成。因需经二次焙烧才能制成，故称二次烧成。唐三彩及釉上彩瓷器等均为二次烧成。

收缩率　陶瓷在成型后至烧成过程中，由于水分蒸发和高温物理变化、化学反应等原因而使烧成后的器物体积小于焙烧前的坯件，其缩减的尺寸与坯件尺寸的比值称作收缩率。瓷器在焙烧过程中，一方面会排出二氧化碳（CO_2）、三氧化硫（SO_3）等物质，另一方面石英颗粒等固体物质熔融会填充微孔、排出气体，从而使坯件的体积缩小，其收缩率通常为10%—15%。

气孔率　陶瓷所含气孔比例的统称。气孔率可分为显气孔率和闭口气孔率，两者相加为总气孔率。陶瓷的总气孔率为：硬质瓷2%—6.4%，细炻器4%—8%，精陶12%—30%，普通陶器12.5%—38%。气孔率是陶瓷致密程度和烧结度的标志。

吸水率　陶瓷器体直接与水接触时，器体孔隙便吸取水分，所吸水分与器体本身重量的比例，称为吸水率。陶瓷的吸水率为：瓷器0—0.5%，细炻器0.5%—12%，硬质精陶9%—12%，普通陶器多在8%以上。吸水率是陶瓷烧结度和瓷化程度的重要标志。

烧失量　又称"灼失量"、"灼减量"。指陶瓷在焙烧过程中排出的各种物质重量的总和。其中包括结晶水、碳酸盐分解释放的二氧化碳（CO_2）、硫酸盐分解释放的三氧化硫（SO_3）以及有机杂质的燃烧释放物。烧失量与陶瓷坯件的收缩率成正比，一般来说，烧失量越大，陶瓷坯件就越容易变形。所以，优质陶瓷的烧失量均很小。

窑炉　简称"窑"。是焙烧陶瓷的建筑物。一般由火膛（燃烧室）、窑室、烟囱（或出烟口）三大部分组成。古代窑炉的类型很多，有竖穴窑、横穴窑、馒头窑、龙窑、阶级窑、葫芦窑、蛋形窑等。

竖穴窑　焙烧陶器的窑炉类型之一。常见于各地新石器时代遗址。窑建

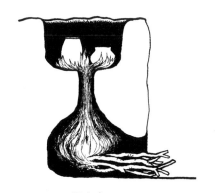

竖穴窑

在地下，火膛为小口广底的袋形坑，其上为窑室，窑室的出口开在地面。火膛与窑室之间有数条火道，火焰经火道直接升入窑室。有的竖穴窑的窑室建在火膛的斜上方，火焰从倾斜的主火道经窑室底部的分火道或多孔窑箅进入窑室。由于竖穴窑的火焰为升焰式，并且建在地下，窑温和热利用率都很低，所以新石器时代以后此种窑炉逐渐淘汰。

横穴窑　焙烧陶器的窑炉类型之一。在河南新郑的裴李岗文化中已经出现，流行于新石器时代。火膛位于窑室的一侧，比窑室略低，火焰直接从分火道经窑箅进入窑室。此种窑亦为升焰式窑。新石器时代以后被结构更先进的窑炉所取代。

馒头窑　亦名"圆窑"。因外形近似馒头而得名。是古代焙烧陶瓷的主要窑型之一，常见于北方各地。至迟在商代就已出现具有馒头窑特点的窑炉。馒头窑由火膛、窑室、烟囱三大部分组成，火焰由火膛升向窑室顶部，然后再倒向后半部分窑床，经后面窑壁底部的排烟孔从烟囱排出。属半倒焰式窑。这种窑的优点是建造方便，保温性能好，窑温可达 1300℃ 左右，并能形成还原焰。缺点是器物烧成时间长，燃料消耗大，窑室内温度分布不均匀（前高后低，上高下低），故生烧率通常达 10% 左右。耀州窑、定窑、磁州窑、汝窑、钧窑等北方名窑都用这种窑炉焙烧瓷器。

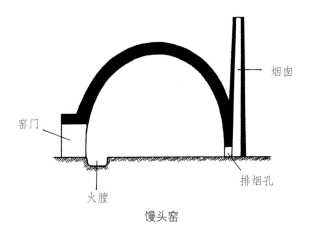

馒头窑

龙窑　又称"长窑"、"蜈蚣窑"、"蛇窑"。因形似卧龙而得名。是古代焙烧陶瓷的主要窑型之一。常见于南方各地。窑长条形，建在坡度平缓的山坡上，下端为火膛，中部为窑室，尾部为烟囱。火焰属平焰式。浙江上虞发现的商代龙窑长 5.1 米，汉代龙窑长 10 米左右，三国龙窑长 13.32 米。此后窑身不断加长，至唐宋时可达 40 米以上。为了避免窑室后半段因温度低而出现生烧现象，窑工便采用了"火膛移位"的焙烧方法，即从窑室两侧所设的投柴孔由前至后依次投入燃料，分段烧成器物。龙窑的优点是造价低，热利用率高，容易形成还原焰，并能快速升温和降温，适于焙烧青瓷和釉层透明度高的其他瓷器。南方著名的越窑、龙泉窑、南宋官窑、瓯窑等均用这种窑炉烧瓷。

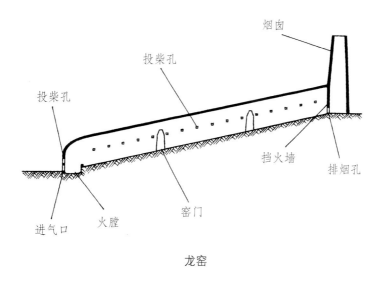

龙窑

阶级窑　也称"阶梯窑"。由分室龙窑（又称"鸡笼窑"）演变而成。最早出现于福建德化。窑建在坡度平缓的山坡上，由若干相对独立的窑串联成整体。从第二窑起，每个窑的水平面均高于前面的窑，形成层层台阶，故名。火焰从火膛升向窑室顶部，然后再倒向后半部分窑床，经后面窑壁底部的排烟孔进入下一个窑，对后面各窑起到了预热作用。从第二窑开始，燃料从投柴孔投入火膛。各窑由前至后依次焙烧，方法相同。就每个窑而言，火焰为半倒焰式。阶级窑比龙窑较易控制还原气氛与正压，化学热损较小（前一窑

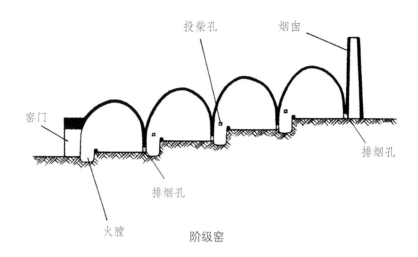

阶级窑

火焰中析出的碳素细粒——烟煤，附着在后面各窑的匣钵上，不仅可由二次燃烧将热能收回，而且还可以对坯体内氧化铁的后期还原起增强和均匀作用），同时，升温与降温过程也比龙窑缓慢，故可烧出较好的细瓷。明代德化窑白瓷就是在这种窑炉中烧成的。缺点是窑室内温度分布不均匀，前上部温度最高，其他部位温度较低，温差通常可达 60—120℃；由于窑墙较厚和中间隔墙多，所以蓄积热损也较大。

葫芦窑　清乾隆年间成书的《南窑笔记》记载，"窑如卧地葫芦"，故名。宋至明代福建和江西景德镇地区烧瓷所用的一种窑炉。由火膛、窑室、烟囱三大部分组成。窑室比馒头窑长，前大后小，腰部内折，将窑室分成前后两段，窑壁两侧各设一排投柴孔。馒头窑与龙窑的优点兼而有之。适于焙烧高温黏度较大的石灰碱釉瓷器。景德镇地区在明末清初，为了提高窑室的装烧量，将前后窑室合而为一，于是葫芦窑演变为蛋形窑。

蛋形窑　亦称"景德镇窑"或"镇窑"。形似覆置的半个蛋，故名。清代景德镇地区焙烧瓷器的主要窑炉。由火膛、窑室、烟囱三大部分组成。窑室前大后小，呈长椭圆形。窑身全长 15—18 米，容积 200 立方米左右，以松柴为燃料，火焰为平焰式，适于同时焙烧精、粗等不同档次的瓷器。这种窑一次可装烧日用瓷 10—15 吨，热利用率很高，并容易控制烧成气氛。又因窑墙较薄、无隔墙，故蓄积热损较小。缺点是窑室内各部位的温度和烧成气氛不一致，这就使装坯工作比较繁琐，此外，烧窑时的操作管理也较复杂。

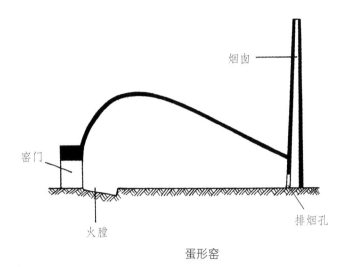

蛋形窑

窑具　焙烧陶瓷时对坯件起支、垫、间隔、保护等作用的器具的统称。一般用耐火黏土制成。常见的有筒形支座、喇叭形支座、匣式垫座、齿口垫座、垫饼、支钉、齿口盂形间隔窑具、托珠、支圈和各式匣钵等。

支座　明火焙烧陶瓷器时对坯件起支托作用的窑具。有筒形、喇叭形等多种。在各地古窑址中均有发现。使用时，一头插入窑床的沙土里，另一头将坯件托至一定的高度，可避免陶瓷器因窑床温度低而出现生烧现象。

支钉　焙烧瓷器时对坯件起间隔、支托作用的窑具。有饼形、三岔形、环形等多种。饼形三齿支钉（也有四齿的）最早流行于东汉三国时期的越窑，为碗、钵、碟等叠烧的间隔窑具，使用时齿向下，故这些瓷器的内底留有支钉痕。三岔形支钉在北方各地的北朝至唐代的窑址中多有发现，使用时齿也朝下。环形支钉有三齿、五齿等几种。除了洪州窑发现的三齿环形支钉使用时齿向下外，汝窑等窑口的环形支钉使用时齿都朝上，起支托作用，所烧瓷器的外底可见到支钉痕。南宋官窑最常用的支钉为饼形，多支于器物外底。元代哥哥洞窑、明代哥窑亦使用这种窑具。

托珠　又名"泥点"。碗、盘类瓷器叠烧时起间隔作用的窑具。用耐火黏土制成。有的为丸形、窝头形，也有的呈长条形、圆柱形等。瓷器烧成时，托珠尚未熔融，故不易与瓷器黏结。早在春秋战国时，浙江等地的窑场就已用托珠叠烧原始瓷。三国西晋时，越窑不少齿口盂形间隔窑具的齿端抹有耐

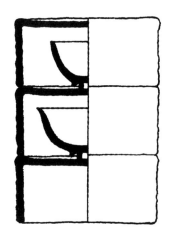

平底匣钵

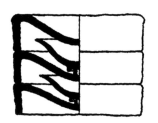

凹底匣钵

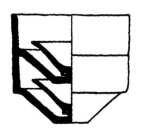

漏斗形匣钵

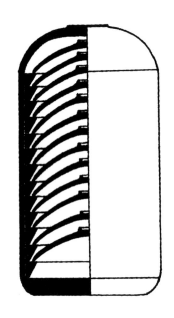

支圈组合式匣钵

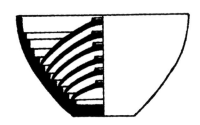

多级匣钵

火黏土，显然受其影响。东晋至宋代，许多窑口均用托珠叠烧瓷器。

匣钵　对坯件起保护作用的窑具。唐代开始广泛使用。匣钵可避免焙烧时落沙、烟熏等对瓷器造成的不良影响，使瓷器受火均匀，釉面光洁，质量大为提高。用于装烧碗、盘类坯件的匣钵，有平底、凹底、漏斗形、多级、支圈组合式等多种。其中，多级匣钵和支圈组合式匣钵是用于覆烧芒口瓷器的。匣钵一般可重复使用。据明人宋应星的《天工开物》记载，匣钵通常可重复使用十多次。

火照　亦称"照子"或"火标"。古代烧窑时用以了解器物焙烧情况的坯片。各地宋代及宋以后窑址中发现较多。用施釉的坯片制成，中间挖一圆孔，置于窑室内的适当位置，当火烧至一定程度时，用铁钩将它从观火孔（窑眼）取出，以判定瓷器是否已烧成，可有效地防止瓷器生烧或过烧，节省燃料和人力。火照在南宋人蒋祈的《陶记》中已有记载，而清人蓝浦的《景德镇陶录》叙述较详。

胎釉化学分析判定产地　各地制作陶瓷器的原料的化学成分不同，对遗址、墓葬和沉船出土、出水的陶瓷器的胎釉化学成分进行分析比较，可以确定其产地和窑口。20世纪60年代，人们通过对陶瓷器胎釉中氧化硅（SiO_2）、氧化铝（Al_2O_3）、氧化钛（TiO_2）、氧化铁（Fe_2O_3）、氧化亚铁（FeO）、氧化钙（CaO）、氧化镁（MgO）、氧化钾（K_2O）、氧化钠（Na_2O）、氧化锰（MnO）、氧化磷（P_2O_5）等主量元素的测定，大致区分了南北方出产的青瓷，然无法判明其确切产地。20世纪90年代，人们发现陶瓷器胎釉中的镧（La）、钍（Th）、钆（Gd）、铽（Tb）、铒（Er）、铥（Tm）、镱（Yb）、铕（Eu）、镝（Dy）、铈（Ce）、铀（U）、镥（Lu）、钬（Ho）、铯（Cs）、钇（Y）、镨（Pr）、钕（Nd）、钐（Sm）等微量元素，具有很小范围的原料特征，甚至可以显示相距几十公里的不同窑口制品的差别，因而这些微量元素被称作"指纹元素"。在建立古窑址标本的主量元素和微量元素数据库的基础上，便能较准确地判定海内外出土、出水以及传世的古陶瓷的具体产地。

放射性碳素测定年代　根据有机物中放射性碳素含量测定古代遗物绝对年代的方法，亦是古陶瓷间接断代的有效手段。空气中的部分氮原子（N）

受宇宙基本粒子（中子）的轰击而转变为碳十四（^{14}C）。这种碳的同位素按一定的速率衰变，并放出射线。碳十四的形成与衰变基本保持平衡，故自然界中碳十四的数量十分恒定。碳十四在生物与大气发生交换时进入生物体内，而每种生物体内的碳十四在新陈代谢过程中也保持一个恒定的量。当生物体死亡（代谢终止）后，碳十四因衰变而不断减少，大约每隔 5730 ± 40 年减少一半。因此，只要测出古遗址、古墓葬、古沉船中含碳物（动、植物标本）的碳十四残存量，便可计算出它的年代，由此可知一并出土、出水的陶瓷的大致年代。

热释光测定年代 直接测定古陶瓷年代的方法。结晶固体在其形成和存在过程中，不断受到黏土中铀（^{238}U）、钍（^{232}Th）、钾（^{40}K）等放射性同位素衰变所产生的 α、β、γ 射线以及来自太空的高能宇宙射线的影响，内部电子的位置和晶体的结构则会相应改变，各类辐射的能量因此而储存起来，积累能量的多寡与时间成正比，当结晶固体遇到热刺激时，所储存的辐射能量便在晶体结构和电子的复原过程中以光的形式释放出来，这种现象称作热释光。制作陶瓷的黏土中，存在一定数量的结晶固体，陶瓷器在焙烧时，晶体储存的辐射能量全部释放，冷却后就像时钟拨零重新计时似的再度积累辐射能量。根据这一原理，便可测出古陶瓷的烧制年代以及陶瓷炊器或其他蒸煮器（如茶釜、药罐等）的停止使用时间。测试时，必须同时考虑标本的环境自然辐射强度、温度、湿度和标本自身储存热释光能量的特性等。目前，古陶瓷热释光断代的误差率已降到 5％ 左右。随着科技的进步和古陶瓷热释光年剂量数据库的建立，古陶瓷热释光断代的精度还会不断提高。

中国历史年表

夏			约前 21 世纪—约前 16 世纪
商			约前 16 世纪—前 11 世纪
周		西 周	前 11 世纪—前 771
		东 周	前 770—前 256
		春秋	前 770—前 476
		战国	前 475—前 221
秦			前 221—前 206
汉		西 汉	前 206—公元 25
		东 汉	25—220
三 国		魏	220—265
		蜀	221—263
		吴	222—280
晋		西 晋	265—316
		东 晋	317—420
南北朝		南 朝	420—589
		北 朝	439—581
隋			581—618
唐			618—907
五代十国			907—979
宋		北 宋	960—1127
		南 宋	1127—1279
辽			907—1125
西 夏			1038—1227
金			1115—1234
元			1271—1368
明			1368—1644
清			1644—1911

后 记

　　哥窑是中国古代文化中的瑰宝，自"宋代五大名窑"之说出现以来，哥窑一直受到业内外人士的广泛重视和关注。在研究生学习期间，扑朔迷离的哥窑问题就引起了我的兴趣，三年的学习时光转瞬即逝，哥窑问题尚未深入研究，便已毕业。就职于浙江省博物馆后，我有幸师从著名的古陶瓷专家李刚研究员继续学习、研究古陶瓷。在李老师的指导下，我对哥窑的时代及产品特征、哥哥洞窑、龙泉"哥窑"等问题的认识不断深化，历经十多年的探索、思考、研究，终于水到渠成，写完了《哥窑管窥》。

　　本书厘清了哥窑的发展脉络，阐述了哥窑的基本属性，指出了哥窑研究的基石，探讨了哥窑研究的方法论，这是我探索古陶瓷尤其是哥窑问题的一些粗浅的体会，希望能在弘扬古陶瓷文化、揭示古陶瓷内涵、拓展学术视野方面贡献一点绵薄之力。

　　2021 年 6 月，经浙江省博物馆学术委员会讨论后，本书被列入"浙博学人丛书"2022 年资助出版项目，从而使本书的出版有了资金保障，对此感激在怀。同时，特向曾予以惠助的龙泉青瓷博物馆、南宋官窑博物馆、杭州市文物考古研究所、浙江省文物考古研究所、上海博物馆、故宫博物院、中国国家博物馆、天津博物馆、南京博物院、安徽博物院、河南省文物考古研究院等单位和个人深表谢意。

牟宝蕾

2022 年 10 月 27 日于孤山

图书在版编目（CIP）数据

哥窑管窥 / 牟宝蕾著. -- 上海 : 上海书画出版社，
2022.11

ISBN 978-7-5479-2953-7

Ⅰ. ①哥… Ⅱ. ①牟… Ⅲ. ①哥窑 – 研究 Ⅳ.
①K878.54

中国版本图书馆CIP数据核字（2022）第 214648 号

哥窑管窥

牟宝蕾　著

责任编辑	邱宁斌
审　　读	雍　琦
责任校对	田程雨
技术编辑	包赛明

出版发行　上海世纪出版集团
　　　　　上海书画出版社

地　　址	上海市闵行区号景路159弄A座4楼
邮政编码	201101
网　　址	www.shshuhua.com
E-mail	shcpph@163.com
制　　版	杭州立飞图文制作有限公司
印　　刷	浙江海虹彩色印务有限公司
经　　销	各地新华书店
开　　本	787×1092 1/16
印　　张	13.5
版　　次	2022年11月第1版　2022年11月第1次印刷
书　　号	ISBN 978-7-5479-2953-7
定　　价	128.00元

若有印刷、装订质量问题，请与承印厂联系